RETÓRICA

Direção Editorial *Ethel Santaella*
Tradução *Talitha Rizzo*
Revisão e Preparação *Madrigais Editorial*
Diagramação *Marcos Sousa*
Design de capa avulsa *Fernando Morra com imagem de Yueh Chiang / Shutterstock*
Capa coleção *Shutterstock*

Dados Internacionais de Catalogação na Publicação (CIP)
(eDOC BRASIL, Belo Horizonte/MG)

A717r
Aristóteles.
Retórica / Aristóteles; traduzido para o inglês por W. Rhys Roberts; traduzido para o português por Talitha Rizzo. – São Paulo, SP: Lafonte, 2025.
192 p. :15,5 x 23 cm

Título original: Rethoric
ISBN 978-65-5870-618-2 (Coleção)
ISBN 978-65-5870-617-5 (Avulso)

1. Retórica – Obras anteriores a 1800. I. Título.
CDD 888.5

Elaborado por Maurício Amormino Júnior – CRB6/2422

Editora Lafonte

Av. Profª Ida Kolb, 551, Casa Verde, CEP 02518-000, São Paulo-SP, Brasil
Tel.: (+55) 11 3855-2100, CEP 02518-000, São Paulo-SP, Brasil
Atendimento ao leitor (+55) 11 3855-2216 / 11 – 3855-2213 – *atendimento@editoralafonte.com.br*
Venda de livros avulsos (+55) 11 3855-2216 – *vendas@editoralafonte.com.br*
Venda de livros no atacado (+55) 11 3855-2275 – *atacado@escala.com.br*

Aristóteles

Retórica

Tradução
Talitha Rizzo

Lafonte

2025 • Brasil

ÍNDICE

Apresentação

Se algo se destaca a respeito de Aristóteles, além do fato de ter sido profícuo estudioso das ciências naturais e pensador das mais diversas matérias, é a forma como se dispôs a sistematizar tais conteúdos por meio de uma série de tratados – dos quais só alguns chegaram a nós – de modo a tornar seu conhecimento acessível a tantos que vieram depois dele. Vem daí sua imensa importância e influência ao longo da história da humanidade até os dias atuais. A despeito da relevância dos seus tratados, ler Aristóteles não é tarefa fácil. Sua linguagem tem sido obstáculo para tantos estudiosos que se apoiam em sua sabedoria. Assim, seus trabalhos recebem ao longo da história diversas traduções e, consequentemente, interpretações.

Seus estudos versam sobre os mais diversos ramos do conhecimento, como as ciências naturais (biologia, física etc.), metafísica, lógica, ética e política. Dentre seus tradados acerca da argumentação dialética – ciência que enquadrava entre as produtivas, haja vista o discurso argumentativo ser uma produção humana e, mais que isso, uma de grande utilidade – encontra-se a *Retórica*.

Ali, Aristóteles aborda de forma extensiva e sistemática os três tipos de oratória – forense, ou jurídica, cerimonial, ou demonstrativa, e política, ou deliberativa –, bem como os principais elementos de um discurso, sempre detendo-se e examinando cada aspecto cuidadosamente. Ele não deixa nada para trás. Assim, ao mesmo tempo em que vai tecendo críticas acerca daquilo que, à época, havia entre os estudos da retórica, volta-se para cada aspecto da arte que considera relevante, e não somente o discurso em si, pois, como bem aponta, três são as divisões da retórica: orador, assunto e público-alvo. Destes, dá grande destaque para o último, visto que o objetivo da arte é a persuasão do ouvinte.

Dentre os tópicos abordados, observa uma variedade de temas referentes tanto ao conteúdo de um discurso como ao caráter moral daquele que o expõe, além das emoções que movem a audiência, apontando a utilidade de cada uma dessas coisas, mas também como melhor valer-se de cada uma a depender dos objetivos do orador e das circunstâncias que competem ao caso que este aborda. Porque cada caso tem sua especificidade, procura vislumbrar diversas situações em que cada uma aparece, o que torna suas observações, ainda que sistemáticas, um tanto extensas.

Voltando-se para o discurso em si, procura demonstrar as formas e os meios pelos quais seus dois principais recursos – exemplo e entimema – podem ser construídos para a vantagem do processo persuasivo, novamente detendo-se em descrever e refletir sobre cada um deles, além dos meios para se amplificar ou reduzir sua relevância em favor do orador.

A *Retórica* finaliza com o exame de outros fatores importantes para o sucesso da oratória para além de seu conteúdo, a saber, estilo (linguagem) e arranjo (organização) do discurso. Debruça-se sobre estes mais concisamente, embora não deixe de destacar – com certa relutância – a importância da linguagem, pois "toda a questão da retórica gira em torno das aparências", isto é, o objetivo da oratória é persuadir o ouvinte do que é dito, e somente a partir da linguagem isso pode ser alcançado.

Livro I

1

A Retórica é a contraparte da Dialética. Ambas estão, de forma similar, proximamente relacionadas ao que é de conhecimento geral de todos os homens e não pertencem a nenhuma ciência específica. Assim, todos fazem uso das duas em maior ou menor medida, uma vez que, até certo ponto, todos os homens procuram discutir afirmações e sustentá-las, seja para defender-se, seja para atacar outrem. Pessoas comuns fazem isso de modo aleatório ou por meio da prática e do hábito adquirido. Uma vez que as duas formas são possíveis, pode-se abordar o assunto de forma sistemática, de modo que é possível indagar por que alguns oradores obtêm sucesso por meio da prática enquanto outros o fazem espontaneamente; e todos hão de concordar imediatamente que tal indagação é o propósito de uma arte.

Bem, os autores dos tratados atuais sobre retórica construíram somente uma pequena porção dessa arte. As formas de persuasão são os únicos constituintes verdadeiros dela; todo o resto é meramente secundário. Esses escritores, entretanto, nada dizem sobre os entimemas, que são a própria substância da persuasão retórica, mas tratam principalmente daquilo que não é essencial. O surgimento de preconceitos, compaixão, raiva e outras emoções semelhantes nada tem a ver com os fatos essenciais, sendo, todavia, um mero apelo pessoal àquele que julga o caso. Consequentemente, se as regras que regem os julgamentos ora estabelecidas em alguns estados – especialmente nos bem governados – fossem aplicadas em toda a parte, tais homens nada teriam a dizer. Todos os homens, sem dúvida, acreditam que as leis devem prescrever tais regras; entretanto, algumas, como as do tribunal de Areópago, colocam em prática seus pensamentos e proíbem que se fale sobre coisas não essenciais. São leis e costumes consistentes. Não é correto perverter o juiz levando-o à raiva, ou inveja, ou compaixão – isso seria como deformar a régua de um carpinteiro antes de usá-la. Além disso, está claro que um litigante nada pode fazer a não ser demonstrar que o fato alegado é ou não assim, que ocorreu ou não. Se algo é importante ou não, justo ou injusto, o juiz deve recusar-se a receber sua instrução quanto a isso dos litigantes; ele deve decidir por si mesmo quanto a todas as questões que o legislador não tenha ainda definido por ele.

Desse modo, é de grande importância que leis bem elaboradas devam definir todos os pontos possíveis e deixar o mínimo para a decisão dos juízes; e isso por várias razões. Primeiro, é mais fácil encontrar um ou poucos homens que sejam sensatos e capazes de legislar e administrar a justiça do que encontrar um grande número deles. Além disso, as leis são criadas após longa consideração, enquanto as decisões nos tribunais são tomadas em curto prazo, o que torna difícil para aqueles que julgam o caso satisfazer as reivindicações de justiça e conveniência. A principal razão é que o legislador não é especificador, mas prospectivo e geralista, enquanto os membros da assembleia e do júri têm como dever decidir sobre os casos específicos apresentados a eles. Eles frequentemente acabam por se deixar tão influenciados por sentimentos de amizade, ou ódio, ou interesse próprio que perdem qualquer clareza da verdade e têm seus julgamentos obscurecidos por considerações pessoais de prazer ou dor. De maneira geral, o juiz deveria, como dissemos, decidir sobre o mínimo de coisas possível. Entretanto, questões relativas ao que sucedeu ou não, o que será ou não, o que é ou não devem ser deixadas ao juiz, uma vez que o legislador não pode prevê-las. Dessa forma, é evidente que qualquer um estabelecendo regras sobre outros assuntos, como o conteúdo da "introdução", ou da "narração", ou de qualquer outra subdivisão de um discurso, estará teorizando sobre questões não essenciais, como se estas pertencessem à arte. A única questão com a qual os escritores lidam, nesse caso, é como colocar o juiz em determinado estado de espírito. Sobre os modos adequados de persuasão do orador, ele nada tem a nos dizer; nada, portanto, sobre como adquirir habilidades de produção de entimemas.

Resulta que, embora os mesmos princípios sistemáticos se apliquem tanto à oratória política quanto à forense, e embora a primeira seja mais nobre e adequada a um cidadão do que aquela que se refira às relações privadas de indivíduos, esses autores nada dizem sobre a oratória política, mas buscam, todos eles, escrever tratados sobre como pleitear em um tribunal. A razão para tal é que, na oratória política, há menos incentivo para se falar sobre o que não é essencial. A oratória política é menos propensa a práticas inescrupulosas do que a forense, uma vez que trata de assuntos mais amplos. Em um debate político, aquele que forma um julgamento está decidindo sobre seus próprios interesses vitais. Não há necessidade, portanto, de que se prove nada, exceto que os fatos são aquilo que o defensor de dada medida afirma que são. Na oratória forense, isso não basta; conciliar o ouvinte é o que vale aqui. Deve-se decidir sobre questões alheias, de modo que os juízes, atentos à sua própria satisfação e ouvindo com parcialidade, se rendam aos disputantes, em vez de julgar a questão que existe entre eles. Por isso, em muitos lugares, como já dissemos, falas irrelevantes são proibidas em tribunais de justiça – na assembleia pública, os responsáveis por formar um julgamento são bastante capazes de defender-se disso.

Está claro que o estudo retórico, em sentido estrito, ocupa-se das formas de persuasão. A persuasão é, de maneira clara, um tipo de demonstração, uma vez que somos completamente persuadidos quando consideramos algo como demonstrado. A demonstração do orador é um entimema e essa é, de modo geral, a melhor forma de persuasão. O entimema é um tipo de silogismo, e a consideração dos silogismos de todos os tipos, sem distinção, é de interesse da dialética, seja ela como um todo ou um de seus ramos. Segue-se, desse modo, que aquele mais bem habilitado a ver como e de quais elementos um silogismo é produzido será também o mais habilidoso no entimema, uma vez que seu aprendizado tenha sido maior sobre o tema, inclusive sobre quais aspectos ele se diferencia do silogismo de lógica estrita. A verdade e a verdade aproximada são apreendidas pela mesma faculdade; é possível notar também que os homens têm um instinto natural suficiente para perceber a verdade e geralmente chegam a ela. Assim, aquele que tem um bom palpite quanto à verdade, terá um bom palpite quanto às probabilidades.

Demonstrou-se que os autores comuns da retórica tratam de questões não essenciais; ficou comprovado, ainda, por que eles têm se inclinado ao ramo forense da oratória em maior profundidade.

A retórica é útil *(1)* porque as coisas verdadeiras e justas têm uma tendência natural a prevalecer sobre seus opostos, de tal modo que, se as decisões dos juízes não são o que deveriam ser, a derrota se deve aos próprios oradores, e estes devem ser devidamente culpados. Ademais, *(2)* perante algumas audiências, nem mesmo a posse do conhecimento mais exato facilitará que o que se diz produza convicção. A argumentação baseada em conhecimento implica instrução, e há pessoas que não podem ser instruídas. Aqui, portanto, convém utilizar-se, como formas de persuasão e argumentação, de noções que todos possuem, como observamos nos *Tópicos*, quando tratamos sobre o modo de lidar com a população em geral. Além disso, *(3)* devemos ser capazes de empregar a persuasão, tal como um raciocínio estrito pode ser empregado, em lados opostos de uma questão, não para, na prática, empregá-la nos dois sentidos (afinal, não devemos fazer as pessoas acreditarem no que é errado), mas para que possamos ver claramente quais são os fatos e para que, caso outro homem argumente de forma injusta, nós, de nossa parte, possamos refutá-lo. Nenhuma das outras artes chega a conclusões opostas – apenas a dialética e a retórica o fazem. Ambas tiram conclusões opostas com imparcialidade. Entretanto, os fatos subjacentes não se apresentam igualmente nas visões contrárias. Não, as coisas verdadeiras e aquelas que são melhores são, por sua natureza, quase sempre simples de se provar e de se acreditar. De novo, *(4)* é absurdo afirmar que um homem deva sentir-se envergonhado por ser incapaz de se defender com seus punhos, mas não por ser incapaz de defender-se por meio da fala e da razão, quando o uso da fala racional é um aspecto mais distintivo dos seres humanos do que o uso de seus membros. E, se for contestado o fato de que aquele que usa tais poderes de fala injustamente pode causar grandes danos, essa é uma acusação que pode ser feita igualmente contra todas as coisas boas, exceto a virtude e, acima de tudo, contra as coisas que são muito úteis, como força, saúde, riqueza, liderança. Um homem pode conceder o maior dos benefícios pelo uso correto destas qualidades bem como infligir o maior dos danos ao usá-las erroneamente.

Está claro que a retórica não está limitada a uma única classe definida de assuntos, mas que é tão universal quanto a dialética; está claro, também, que ela é útil. Está claro, ainda, que sua função não é simplesmente obter sucesso na persuasão, mas sim descobrir os meios de se aproximar desse sucesso tanto quanto as circunstâncias de cada caso particular permitirem. Nisto, ela se assemelha a todas as demais artes. Por exemplo, não é função da medicina simplesmente tornar um homem deveras saudável, mas sim colocá-lo tanto quanto possível no caminho da saúde; é possível oferecer tratamento excelente mesmo àqueles que nunca gozam de uma saúde consistente. Ademais, é evidente que é função da presente arte discernir os meios reais e aparentes de persuasão, bem como é função da dialética discernir entre silogismos reais e aparentes. O que torna um homem um "sofista" não é sua faculdade mental, mas seu propósito moral. Na retórica, entretanto, o termo "retórico" pode descrever tanto o conhecimento da arte pelo orador quanto seu propósito moral. Na dialética é diferente: um homem é um "sofista" porque ele tem um certo propósito moral e um "dialético" em relação, não ao seu propósito moral, mas à sua faculdade mental.

Passemos, então, a um relato dos princípios sistemáticos da Retórica em si – do método e dos meios corretos de se obter sucesso no objetivo estabelecido. Devemos fazer uma espécie de recomeço e, antes de prosseguir, definir o que é retórica.

2

A retórica pode ser definida como a capacidade de observar, em qualquer caso, os meios de persuasão possíveis. Isto não é função de nenhuma outra arte. Toda outra arte pode instruir ou persuadir quanto ao seu próprio assunto; por exemplo, a medicina quanto ao que é ou não saudável, a geometria quanto às propriedades das grandezas, a aritmética quanto aos números, e o mesmo vale para as demais artes e ciências. Contudo, vemos a retórica como o poder de observar os meios de persuasão em relação a quase qualquer assunto que nos seja apresentado; e é por isso que dizemos que, quanto a seu caráter técnico, ela não se preocupa com nenhuma classe especial ou definida de assuntos.

Quanto às formas de persuasão, algumas pertencem estritamente à arte da retórica e outras não. Nesse último caso, refiro-me àquelas coisas que não são fornecidas pelo orador, mas que estão presentes de princípio – testemunhas –, evidência dada sob tortura, contratos escritos, entre outros. No primeiro, refiro-me às que podemos construir por meio dos princípios da retórica. Uma, basta aplicá-la, a outra precisa ser inventada.

Quanto às formas de persuasão fornecidas pela palavra falada, estas são de três tipos. O primeiro depende do caráter pessoal do orador; o segundo, de se colocar a audiência em um certo estado de espírito; o terceiro, da prova, ou prova aparente, produzida pelas palavras do discurso em si. A persuasão é atingida pelo caráter do orador quando o discurso é proferido de modo a que este seja visto como confiável. Acreditamos em homens de bem mais completa e prontamente do que em outros. Isso é verdade de modo geral, independentemente de qual seja a questão, e é completamente verdade quando é impossível ter-se plena certeza de algo e as opiniões se dividem. Esse tipo de persuasão, como os outros, deve ser alcançado a partir daquilo que o orador diz, não pelo que as pessoas pensam acerca de seu caráter antes que este comece a falar. Não é verdadeiro, como assumem certos escritores em seus tratados sobre retórica, que a bondade pessoal revelada pelo orador em nada contribui para seu poder de persuasão; pelo contrário, seu caráter pode quase ser considerado o melhor meio de persuasão que ele possui. Em segundo lugar, a persuasão vem por meio dos ouvintes quando o discurso desperta suas emoções. Nossos julgamentos, quando nos sentimos satisfeitos e amigáveis, não são os mesmos de quando nos sentimos magoados e hostis. É no sentido da produção desses efeitos que insistimos que os atuais escritores de retórica direcionam todos os seus esforços. Tal assunto deverá ser abordado em detalhes quando tratarmos das emoções. Em terceiro lugar, a persuasão se torna efetiva através do discurso em si quando provamos uma verdade ou verdade aparente com base em argumentos persuasivos adequados ao caso em questão.

Existem, portanto, três meios de efetuar a persuasão. Aquele em comando deles deve, é claro, ser capaz de *(1)* raciocinar logicamente, *(2)* entender o caráter e bondade humanos em suas diversas formas e *(3)* entender as emoções – isto é, nomeá-las e descrevê-las, conhecer suas causas e o modo de excitá-las. Assim, a retórica parece um desdobramento da dialética bem como dos estudos éticos. Os estudos éticos podem ser justamente referidos como políticos; e, por essa razão, a retórica se disfarça de ciência política e seus professores de especialistas políticos – às vezes por falta na educação, às vezes por ostentação, às vezes por outras falhas humanas. Na verdade, ela é um ramo da dialética e é semelhante a ela, como dissemos no começo. Nem a retórica nem a dialética são estudos de um assunto em particular, ambas representam a capacidade de se produzir argumentos. O presente deve ser relato suficiente de seus escopos e de como se relacionam entre si.

Em relação à persuasão atingida mediante prova ou prova aparente, assim como na dialética existe, de um lado, a indução e, do outro, o silogismo ou silogismo aparente, o mesmo ocorre na retórica. O exemplo é a indução, o entimema é o silogismo e o entimema aparente é o silogismo aparente. Chamo de entimema um silogismo retórico e de exemplo uma indução retórica. Todo aquele que efetua a persuasão por meio de prova usa, na verdade, entimemas ou exemplos – não há outra maneira. E, uma vez que todo aquele que prova qualquer coisa está fadado a usar silogismos ou induções (o que está claro para nós a partir da *Analítica*), necessariamente conclui-se que entimemas são silogismos e que exemplos são induções. A diferença entre exemplo e entimema se torna clara pela passagem dos *Tópicos*, na qual a indução e os silogismos já foram discutidos. Quando baseamos a prova de uma asserção em um número de casos similares, isso é indução para a dialética e exemplo para a retórica; quando fica demonstrado que, sendo verdadeira determinada asserção, uma outra asserção distinta também será como consequência desta, seja de forma invariável ou habitual, isso é chamado de silogismo, na dialética, e de entimema, na retórica. É evidente também que cada um desses tipos de oratória tem suas vantagens. Falo em tipos de oratória, pois aquilo que foi dito na *Metódica* se aplica igualmente aqui: em certos estilos oratórios, prevalecem os exemplos, em outros, os entimemas. De maneira semelhante, certos oradores são melhores neste ou naquele estilo. Discursos que se apoiam em exemplos são tão persuasivos como qualquer outro tipo; contudo, aqueles que se apoiam em entimemas despertam os aplausos mais altos. As fontes dos exemplos e entimemas serão abordadas adiante. Nosso próximo passo é definir claramente os processos em si. Uma declaração é persuasiva e confiável ou porque é diretamente evidente ou porque parece ser provada por outras declarações que o sejam. Em ambos os casos, ela é persuasiva porque persuade alguém. Porém, nenhuma das artes teoriza sobre casos individuais. A medicina, por exemplo, não teoriza sobre o que ajuda a curar Sócrates ou Cálias, mas somente sobre o que ajuda a curar qualquer ou todas as classes de pacientes. Isso, por si só, é a questão: casos individuais são tantos e tão variados que nenhum conhecimento sistemático deles é possível. Do mesmo modo, a teoria da retórica aborda, não aquilo que parece provável a um dado indivíduo, como Sócrates ou Hípias, mas sim o que parece provável para um dado tipo de homem; e isso também se aplica à dialética. A dialética não constrói seus silogismos com base em materiais aleatórios quaisquer, como os devaneios dos loucos, mas sim em materiais que demandam discussão; e a retórica também se baseia em assuntos regulares de debate. O dever da retórica é lidar com assuntos sobre os quais deliberamos sem arte ou sistema para nos guiar, ante a audiência de pessoas que não são capazes de assimilar de pronto um argumento complexo ou de acompanhar uma longa linha de raciocínio.

Os assuntos de nossa deliberação são tais que parecem nos apresentar possibilidades alternativas – a respeito de coisas que não poderiam ter sido, e que não podem agora ou no futuro ser, diferente daquilo que são; ninguém que as tome dessa forma perde tempo em sua deliberação.

É possível formar silogismos e tirar conclusões de acordo com os resultados de silogismos anteriores, ou, por outro lado, com base nas premissas que não tenham sido de fato provadas, e que, ao mesmo tempo, são tão pouco aceitas que exigem prova. Raciocínios do primeiro tipo serão necessariamente difíceis de acompanhar em razão da sua extensão, pois presumimos uma audiência de pensadores não treinados; os do último tipo não conseguirão anuência, uma vez que são baseados em premissas que não são amplamente admitidas ou acreditadas.

O entimema e o exemplo devem, portanto, lidar com o contingente principal, o exemplo sendo uma indução e o entimema, um silogismo a respeito de tais assuntos. O entimema deve consistir em poucas asserções, menos em número que aquelas que compõem o silogismo normal. Se qualquer dessas asserções for um fato familiar, não há necessidade de mencioná-la; o próprio ouvinte a acrescenta. Assim, para mostrar que Dorieu foi vencedor em uma competição cujo prêmio é uma coroa, basta dizer "Ele foi o campeão nos jogos olímpicos", sem acrescentar "E, nos jogos olímpicos, o prêmio é uma coroa", fato de conhecimento de todos.

Há poucos fatos do tipo "necessário" que podem formar a base dos silogismos retóricos. A maioria das coisas sobre as quais tomamos decisões e sobre as quais, portanto, indagamos, nos apresentam possibilidades alternativas. Todas as ações que deliberamos e indagamos têm caráter contingente; raras são as que são determinadas pela necessidade. Mais uma vez, as conclusões que expressam aquilo que é meramente corriqueiro ou possível devem ser tiradas de premissas que igualmente o fazem, assim como conclusões "necessárias" devem ser tiradas de premissas "necessárias" – isso também se faz evidente na *Analítica*. É claro, portanto, que as proposições que formam a base dos entimemas, embora algumas possam ser "necessárias", serão, em sua maioria, apenas costumeiramente verdadeiras. Agora, os materiais dos entimemas são Probabilidades e Sinais, os quais correspondem respectivamente às proposições que são geralmente verdadeiras e as que são necessariamente verdadeiras. Uma Probabilidade é algo que ocorre comumente; não, como algumas definições sugerem, qualquer coisa que ocorra comumente, mas somente aquilo que pertence à classe de "contingente" ou "variável". Ela estabelece a mesma conexão com o que quer que a torna provável que a relação existente entre o que é universal e o que é particular. Quanto aos Sinais, um tipo estabelece a mesma relação com a asserção que serve de apoio para a relação entre o particular e o universal, enquanto o outro assemelha-se à relação do universal ao particular. O tipo infalível é a "prova completa" (*tekmerhiou*); o tipo falível não possui nome específico. Por sinais infalíveis, refiro-me àqueles nos quais os silogismos propriamente ditos podem ser baseados – e isso nos mostra porque esse tipo de silogismo é chamado de "prova completa". Quando as pessoas pensam que aquilo que disseram não pode ser refutado, acreditam estar apresentando uma "prova completa", ou seja, cujo assunto foi demonstrado e concluído (*peperhasmeuou*); pois a palavra *perhas* tem o mesmo significado (de "fim" ou "limite") que a palavra *tekmarh* na língua antiga. Assim, um único tipo de Sinal (aquele que estabelece com a proposição que apoia a relação do particular ao universal) pode ser por nós demonstrado. Suponha que foi dito: "O fato de Sócrates ser sábio e justo é um sinal de que quem é sábio é justo". Aqui temos, certamente, um Sinal; porém, mesmo que a proposição seja verdadeira, o argumento é refutável, uma vez que não forma um silogismo. Suponha, por outro lado, que fosse dito: "O fato de ele estar com febre é um sinal de que está doente", ou "O fato de ela produzir leite é um sinal de ter dado à luz recentemente". Aqui temos o tipo infalível de Sinal, o único tipo que constitui uma prova completa, uma vez que é o único tipo em que, se a asserção particular for verdadeira, será irrefutável. O outro tipo de Sinal, aquele que estabelece com a proposição a qual apoia a relação do universal ao particular, pode ser ilustrado assim: "O fato de que ele respira rapidamente é um sinal de que ele está com febre". Esse argumento é também refutável, mesmo que a asserção sobre a respiração rápida seja verdadeira, pois um homem pode respirar rapidamente sem estar com febre.

Relatou-se, desse modo, qual é a natureza de uma Probabilidade, de um Sinal, e de uma prova completa e quais são as diferenças entre eles. Na *Analítica*, ofereceu-se uma descrição explícita desses pontos; ali mostra-se por que alguns desses raciocínios podem ser postos em silogismos e outros não.

O "exemplo" já foi descrito como um tipo de indução e a natureza especial do assunto em questão que o distingue dos outros tipos foi dada anteriormente. Sua relação com a proposição que apoia não é da parte ao todo, nem do todo à parte, nem do todo ao todo, mas da parte à parte, ou de semelhante a semelhante. Quando duas asserções são de mesma ordem, porém uma é mais familiar que outra, a primeira é um "exemplo". O argumento pode ser, por exemplo, que Dionísio, ao solicitar um guarda-costas, está tramando tornar-se um déspota, pois, no passado, Pisístrato solicitava repetidamente um guarda-costas com esse propósito e, de fato, tornou-se um déspota assim que o conseguiu; assim também fez Teágenes em Mégara; e, dessa forma, os demais casos conhecidos ao falante são transformados em exemplos, para demonstrar aquilo que ainda é desconhecido – que Dionísio tem o mesmo propósito ao fazer a mesma solicitação –, todos sendo amostras de um mesmo princípio geral, a saber, que um homem que solicita um guarda-costas está planejando tornar-se um déspota. Descrevemos, assim, os recursos dos meios de persuasão que são popularmente considerados como demonstrativos.

Há uma distinção importante entre dois tipos de entimemas, a qual tem sido completamente ignorada por quase todos – uma que também subsiste entre os silogismos tratados na dialética. Um tipo de entimema pertence verdadeiramente à retórica, assim como um tipo de silogismo pertence verdadeiramente à dialética; entretanto, o outro tipo pertence verdadeiramente a outras artes e faculdades, quer sejam àquelas que já exercemos ou às que ainda não adquirimos. Ao ignorar a distinção, falha-se em notar que, quanto mais corretamente se lida com um assunto particular, mais distante alguém se coloca da retórica ou dialética puras. Essa afirmação será bem clara se expressa de maneira mais completa. Quero dizer que os assuntos próprios dos silogismos dialéticos e retóricos são aquilo que consideramos ser aqueles de que se ocupam as Linhas regulares ou universais da Argumentação. Isso equivale àquelas linhas de argumentação que se aplicam igualmente a questões de retidão de conduta, ciência natural, política e muitas outras coisas que nada têm a ver umas com as outras. Tome-se como exemplo a linha de argumentação que se ocupa do "mais ou menos". Nessa linha de argumentação, é igualmente fácil basear um silogismo ou entimema em quaisquer assuntos, ainda que sejam essencialmente desconexos – seja retidão de conduta, ciência natural ou qualquer outra coisa. Contudo, há também aquelas Linhas de Argumentação especiais baseadas em proposições que se aplicam somente a grupos ou classes particulares de coisas. Assim, essas são proposições relativas à ciência natural sobre as quais é possível embasar qualquer entimema ou silogismo acerca de ética, enquanto há outras proposições relativas à ética sobre as quais não é possível embasar nada acerca de ciência natural. Esse mesmo princípio se aplica a todos os casos. As Linhas gerais de Argumentação não possuem um assunto especial e, portanto, não aumentarão nossa compreensão acerca de qualquer classe particular de coisas. Por outro lado, quanto melhor for a seleção de proposições adequadas a Linhas de Argumentação especiais, mais perto se chega, inconscientemente, de estabelecer uma ciência distinta da dialética e da retórica. Alguém pode obter sucesso no enunciado dos princípios necessários, porém sua ciência não será a dialética ou a retórica, mas sim a ciência à qual pertencem os princípios ora descobertos. A maioria dos entimemas, de fato, baseia-se nessas Linhas particulares ou especiais de Argumentação; comparativamente, poucos se baseiam nas do tipo comum ou geral. Assim, portanto, devemos distinguir, neste trabalho, ao lidar com entimemas, as Linhas especiais e gerais de Argumentação sobre as quais eles se fundamentam. Por Linhas de Argumentação especiais, refiro-me às proposições peculiares a cada uma das diversas classes de coisas, e, por gerais, àquelas que são comuns a todas as classes igualmente. Podemos iniciar pelas Linhas de Argumentação especiais. Contudo, inicialmente, classifiquemos a retórica quanto às suas variedades. Feita tal distinção, poderemos lidar com elas uma a uma e procurar descobrir os elementos que compõem cada uma e as proposições que cada uma deve empregar.

3

A retórica recai em três divisões determinadas pelas três classes de ouvintes dos discursos, pois dos três elementos da produção de discursos – orador, assunto e público-alvo –, é o último, o ouvinte, que determina o fim e o objeto do discurso. O ouvinte deve ser um juiz, com uma decisão a tomar acerca de coisas passadas ou futuras, ou um observador. Um membro da assembleia decide sobre eventos futuros, um membro do júri sobre eventos passados, enquanto aqueles que simplesmente decidem sobre as habilidades do orador são observadores. Disto, segue-se que há três categorias da oratória: *(1)* política, *(2)* forense e *(3)* a oratória cerimonial demonstrativa.

O discurso político nos convoca a fazer ou não algo – um desses dois cursos de ação são sempre tomados por conselheiros particulares, bem como por homens que se dirigem a assembleias públicas. O discurso forense ataca ou defende alguém – uma ou ambas as coisas devem sempre ser feitas pelas partes em um caso. A oratória cerimonial demonstrativa elogia ou censura alguém. Esses três tipos de retórica referem-se a três tempos diferentes. O orador político ocupa-se do futuro – é sobre coisas a serem feitas futuramente que ele aconselha a favor ou contra. As partes em um processo legal se ocupam do passado – um homem acusa o outro e este se defende em relação a coisas que já se passaram. O orador cerimonial ocupa-se, por assim dizer, do presente, visto que todos elogiam ou censuram com base no estado em que as coisas se apresentam naquele momento, embora frequentemente achem útil retomar o passado ou fazer suposições acerca do futuro.

A retórica tem em vista três finalidades distintas, uma para cada um desses três tipos de discurso. O orador político visa estabelecer a expediência ou nocividade de determinado curso de ação; se ele urge por sua aceitação, o faz com base na ideia de que será benéfico; se urge por sua rejeição, o faz com base na noção de que trará malefícios; e todos os demais pontos, por exemplo, se uma proposta é justa ou injusta, honrosa ou desonrosa, ele traz de forma subsidiária em relação à sua principal ponderação. As partes em um processo legal visam estabelecer a justiça ou a injustiça de determinada ação e, também elas, trazem quaisquer outros pontos de maneira subsidiária em relação a isso. Aqueles que elogiam ou atacam um homem visam provar que este é digno de honra ou o contrário, e eles também tomam qualquer outra observação em relação a essa.

Que as três categorias de retórica visem respectivamente às três finalidades mencionadas está dado pelo fato de que os discursantes, às vezes, não buscam estabelecer nada além disso. Desse modo, o litigante por vezes não tentará negar que algo ocorreu ou que ele causou danos. Entretanto, que seja culpado de injustiça ele jamais admitirá, caso contrário não haveria necessidade para um julgamento. Do mesmo modo, oradores políticos frequentemente fazem quaisquer concessões, exceto admitir que aquilo que recomendam aos seus ouvintes trará inconvenientes ou que não será conveniente. A questão quanto à injustiça de se aprisionar seus vizinhos inocentes não os perturba de modo algum. De forma similar, aquele que elogia ou censura um homem não leva em consideração se seus atos foram oportunos ou não, mas frequentemente transforma em motivo de elogio o fato de ele ter negligenciado seu interesse próprio em prol do que é honroso. Assim, Aquiles é elogiado por ter defendido seu amigo caído Pátroclo, embora ele soubesse que isso o levaria à morte e que, de outro modo, ele não precisaria ter morrido – contudo, embora morrer desse modo fosse o mais nobre a se fazer, o melhor seria ter continuado vivo.

É evidente, diante do exposto, que é sobre esses três assuntos, mais que qualquer outro, que um orador deve ser capaz de ter proposições a seu comando. Agora, as proposições da Retórica são Provas Completas, Probabilidades e Sinais. Todo o tipo de silogismo é composto por proposições, e o entimema é um tipo particular de silogismo composto das proposições já citadas.

Dado que somente ações possíveis – e não as impossíveis – podem ter sucedido no passado ou no presente e, uma vez que aquilo que não ocorreu, ou não ocorrerá, tampouco pode ter sido feito ou vir a ser feito, faz-se necessário que tanto oradores políticos, como forenses e cerimoniais tenham sob seu comando proposições acerca do possível e do impossível, e quanto a algo ter ou não ocorrido, se vai ou não ocorrer. Ademais, todos os homens, ao elogiar ou censurar, ao convocar-nos a aceitar ou rejeitar suas propostas de ação, ao acusar outros ou deles defender-se, buscam não somente provar os pontos levantados mas também demonstrar que o benefício ou malefício, a honra ou a desgraça, a justiça ou a injustiça são ou grandes ou pequenos, seja absoluta ou relativamente; e, portanto, está claro que devemos igualmente ter sob nosso comando proposições acerca da grandiosidade ou pequenez, do superior e do inferior – tanto proposições universais como particulares. Desse modo, devemos ser capazes de dizer qual é o bem maior ou menor, o ato de justiça ou injustiça superior ou inferior, e assim por diante.

Esses são os assuntos acerca dos quais estamos inevitavelmente obrigados a dominar proposições relevantes. Devemos, agora, discutir cada classe particular desses assuntos, em especial aqueles dos quais se ocupam as oratórias política, cerimonial e, por fim, forense.

4

Inicialmente, devemos verificar quais são os tipos de coisas boas e más a respeito das quais a oratória política preconiza. Ela não lida com toda a sorte de coisas, mas somente com aquilo que pode ou não vir a ocorrer. Acerca daquilo que existe ou que inevitavelmente existirá, ou quanto ao que é impossível existir ou ocorrer, nenhuma recomendação pode ser dada. Tampouco, ainda, pode-se aconselhar quanto a toda uma classe de coisas que pode ou não ocorrer, pois tal classe inclui algumas coisas boas que decorrem naturalmente e algumas que decorrem acidentalmente, e sobre isso é inútil oferecer conselho. Claramente, só é possível aconselhar quanto a questões acerca das quais as pessoas deliberam; questões, em especial, que dependem, em última instância, apenas de nós mesmos e às quais temos o poder de fazer acontecer.

Afinal, reviramos algo em nossa mente até termos alcançado a clareza quanto à nossa capacidade de realizar aquilo ou não.

Agora, enumerar e classificar com precisão os assuntos habituais dos negócios públicos e, além disso, enquadrar, tanto quanto possível, suas definições verdadeiras é tarefa que não devemos assumir nesta ocasião, pois não pertence à arte da retórica, mas a uma arte mais instrutiva e a um ramo bem real do conhecimento; e, do modo como é dada, foi atribuído à retórica um assunto muito mais amplo do que estritamente lhe cabe. A verdade é que, como de fato já dissemos, a retórica é uma combinação da ciência da lógica e do ramo ético da política; e é em parte como a dialética, em parte como o raciocínio sofístico. Mas quanto mais tentamos tornar qualquer das dialéticas retórica e não o que realmente são, faculdades práticas, mas ciências, tanto mais estaremos inadvertidamente destruindo sua verdadeira natureza; estaremos remodelando-as e passando para a região das ciências que lidam com assuntos definidos, em vez de simplesmente com palavras e formas de raciocínio. Mesmo aqui, todavia, mencionaremos aqueles pontos que convêm distinguir por importância prática, cabendo naturalmente à ciência política um tratamento completo destes.

As principais questões sobre as quais todos os homens deliberam e sobre as quais os oradores políticos discursam são por volta de cinco: formas e meios, guerra e paz, defesa nacional, importações e exportações e legislação.

Quanto às Formas e Meios, o pretenso orador necessitará de conhecimentos acerca da quantidade e extensão das fontes de receita do país, para que, se alguma estiver sendo deixada de lado, possa ser acrescentada, e, se alguma estiver em falta, possa ser aumentada. Ademais, ele deve conhecer todas as despesas do país, para que, se alguma parte de tais despesas for supérflua, possa ser abolida, ou, se alguma for muito grande, possa ser reduzida. Compreende-se que os homens se tornam mais ricos não apenas aumentando sua riqueza existente, mas também reduzindo suas despesas. Uma visão abrangente de tais questões não pode ser obtida exclusivamente pela experiência em assuntos internos;

para poder-se preconizar quanto a tais assuntos, um homem deve estar intensamente interessado nos métodos desenvolvidos em outras terras.

Em relação à Paz e à Guerra, ele deve conhecer a extensão da força militar de seu país, tanto real quanto potencial, bem como a maturidade de tais forças real e potencial; e, além disso, quais guerras seu país travou e como o fez. Ele deve saber de tais fatos não apenas a respeito de seu próprio país, mas também de países vizinhos; e também de países com os quais a guerra é provável, para que a paz possa ser mantida com aqueles mais fortes do que o seu, e para que o seu possa ter poder para guerrear ou não contra aqueles que são menos fortes. Ele deve saber, ainda, se o poder militar de outro país é igual ou diferente do seu, afinal esta é uma questão que pode afetar sua força relativa. Tendo em vista a mesma finalidade, ele deve, além disso, ter estudado as guerras de outros países, bem como as do seu próprio, e a maneira como elas terminaram, pois causas semelhantes são suscetíveis de conduzir a resultados semelhantes.

No que concerne à Defesa Nacional: ele deve conhecer tudo sobre os métodos de defesa atualmente em uso, como a potência e o caráter da força defensiva e as posições dos fortes – este último ponto quer dizer que deve estar bem familiarizado com a posição do país – para que uma guarnição possa ser aumentada caso seja muito pequena ou removida quando não for necessária, e para que os pontos estratégicos possam ser guardados com especial atenção.

Quanto ao Suprimento de Alimentos: ele deve estar ciente do dispêndio que atenderá às necessidades de seu país; que tipos de alimentos são produzidos localmente e quais são importados; e quais artigos devem ser exportados ou importados. Este último é relevante para que acordos e tratados comerciais possam ser feitos com os países envolvidos. Há, de fato, dois tipos de estado aos quais ele deve evitar que seus compatriotas deem motivo para ofensa: os estados mais fortes que o seu e aqueles com os quais é vantajoso negociar.

Porém, enquanto deve, por uma questão de segurança, ser capaz de levar tudo isso em conta, ele deve, antes de mais nada, compreender o tema da legislação, pois todo o bem-estar de um país depende de suas leis. É seu dever saber quantas formas diferentes de constituição existem; sob quais condições cada uma dessas prosperará e por quais desdobramentos internos ou ataques externos cada uma tende a ser destruída. Quando cito a destruição por desdobramentos internos, refiro-me ao fato de que todas as constituições, exceto a melhor de todas, são destruídas tanto por não serem levadas adiante o suficiente quanto por serem levadas longe demais. Assim, a democracia perde seu vigor e finalmente se torna oligarquia, não apenas quando não é levada adiante o suficiente, mas também quando é levada demasiadamente longe; assim como o nariz aquilino e o nariz arrebitado não apenas se transformam em narizes normais por não serem aquilinos ou arrebitados o suficiente, mas também quando, por serem excessivamente aquilinos ou arrebitados, chegam a uma condição na qual nem se parecem mais com narizes. É útil, quanto à formulação de leis, não apenas estudar a história passada do próprio país, a fim de entender qual constituição é desejável para ele agora, mas também ter conhecimento das constituições de outras nações e, então, aprender para quais tipos de nação os vários tipos de constituição são adequados. A partir disso, pode-se perceber que os livros de viagem são úteis à legislação, uma vez que deles podemos aprender sobre as leis e os costumes de diferentes raças. O orador político também achará úteis as pesquisas dos historiadores. Entretanto, tudo isso é assunto da ciência política e não da retórica.

Esses são, de fato, os tipos mais importantes de informação que o orador político deve possuir. Voltemos agora e passemos a expor as premissas a partir das quais ele terá de argumentar a favor da adoção ou da rejeição de medidas no que diz respeito a essas e outras questões.

5

Pode-se dizer que cada indivíduo, assim como todos os homens, visa a um certo fim em comum, o qual determina o que escolhe e o que evita. Tal fim é, em suma, a felicidade e seus constituintes. Vamos, então, apenas a título de ilustração, verificar qual é, em geral, a natureza da felicidade e quais os elementos de suas partes constituintes, pois todo aconselhamento no sentido de se fazer coisas ou de não as fazer está relacionado à felicidade e às coisas que a favorecem ou a prejudicam; o que quer que crie ou aumente a felicidade ou alguma parte da felicidade, devemos fazer; o que quer que destrua ou dificulte a felicidade, ou dê origem ao seu oposto, não devemos fazer.

Pode-se definir felicidade como prosperidade combinada à virtude; ou como independência de vida; ou como o gozo seguro do máximo de prazer; ou como uma boa condição de propriedade e corpo, junto com o poder de proteger sua propriedade e seu corpo e fazer uso deles. Que a felicidade é uma ou mais dessas coisas, todos bem concordam.

De tal definição de felicidade, segue-se que suas partes constituintes são: bom nascimento, abundância de amigos, bons amigos, riqueza, bons filhos, abundância de filhos, uma velhice feliz, bem como excelências corporais, como saúde, beleza, força, grande estatura, poderes atléticos, ao lado da fama, da honra, da boa sorte e da virtude. Um homem não pode deixar de ser completamente independente quando possui tais bens internos e externos, pois, além destes, não há outros para se ter. (Os bens da alma e do corpo são internos. Bom nascimento, amigos, dinheiro e honra são externos.) Ademais, acredita-se que se deve possuir recursos e sorte, para tornar sua vida verdadeiramente segura. Como já verificamos o que é felicidade em geral, tentemos, agora, verificar o que são essas suas partes.

Assim, bom nascimento em uma raça ou estado significa que seus membros são nativos ou antigos – que seus primeiros líderes foram homens distintos e que deles surgiram muitos que se destacaram por qualidades que admiramos.

O bom nascimento de um indivíduo, que pode vir tanto do lado masculino como do feminino, implica que ambos os pais são cidadãos livres e que, como no caso do estado, os fundadores da linhagem foram notáveis por sua virtude, riqueza ou outro aspecto altamente valorizado, e que muitas pessoas insignes pertencem à família, aos homens e às mulheres, aos jovens e velhos.

As expressões "posse de bons filhos" e "de muitos filhos" têm um significado bastante claro. Aplicadas a uma comunidade, significam que seus jovens são numerosos e de boa qualidade – bons em relação às excelências físicas, como estatura, beleza, força, poderes atléticos e também em relação às excelências da alma, que em um jovem são temperança e coragem. Aplicadas a um indivíduo, significam que seus filhos são numerosos e que gozam das boas qualidades descritas. Tanto homens quanto mulheres estão aqui incluídos; as excelências das últimas são, dentre as físicas, beleza e estatura, dentre as da alma, comedimento e uma ocupação que não seja sórdida. As comunidades, tanto quanto os indivíduos, não devem carecer de nenhuma dessas perfeições, nem em suas mulheres, nem em seus homens. Em lugares onde, como entre os lacedemônios, o estado é ruim para com as mulheres, quase metade da vida humana é estragada.

Os constituintes da riqueza são: abundância de dinheiro e de terras; posse de numerosas, grandes e belas propriedades; bem como posse de numerosos e belos implementos, gado e escravos. Todos esses tipos de propriedade são nossos, são seguros, cavalheirescos e úteis. Os tipos úteis são aqueles que são produtivos, os tipos cavalheirescos são aqueles que proporcionam prazer. Por "produtivos" refiro-me àqueles dos quais obtemos nossa renda; por "aprazíveis", àqueles dos quais não obtemos nada que valha a pena mencionar, exceto seu uso. O critério de "segurança" é a posse da propriedade em tais lugares e sob tais condições, de modo que seu uso esteja sob nosso poder; e é "nosso" se estiver sob nosso próprio poder dispor de tal propriedade ou mantê-la. Por "dispor dela", quero dizer dá-la ou vendê-la. A riqueza como um todo consiste em usar coisas em vez de possuí-las; é, de fato, a atividade – isto é, o uso – da propriedade que constitui a riqueza.

Fama significa ser respeitado por todos, ou ter alguma qualidade desejada por todos os homens, ou pela maioria, ou pelos bons, ou pelos sábios.

A honra é o sinal de que alguém é famoso por fazer o bem. Ela é principalmente, e de maneira apropriada, atribuída àqueles que já fizeram o bem e também a quem pode fazer o bem no futuro. Fazer o bem refere-se à preservação da vida e dos meios de vida, ou à riqueza, ou a alguma outra das boas coisas que é difícil obter sempre, ou em um lugar, ou momento específico, pois muitos obtêm honra por coisas que parecem pequenas, mas o lugar e a ocasião a legitimam. Os constituintes da honra são: sacrifícios; celebração, em verso ou prosa; privilégios; concessões de terras; assentos de honra em celebrações cívicas; sepultamento estadual; estátuas; manutenção pública; entre estrangeiros, respeito e cessão de lugar; e tantos presentes quantos sejam considerados, entre vários grupos de homens, como marcas de honra. Afinal, um presente não é somente a concessão de uma propriedade, mas também um sinal de honra, o que explica por que as pessoas que amam a honra, bem como as que amam o dinheiro o desejam. O presente traz a ambos o que eles querem: uma propriedade, que é o que os amantes do dinheiro desejam, e a honra, que é o que os amantes da honra desejam.

A excelência do corpo é a saúde, isto é, uma condição que nos permite, enquanto nos mantemos livres de doenças, fazer uso de nosso corpo, pois muitas pessoas são "saudáveis", como dizem que era Heródico. E essas ninguém pode parabenizar por sua "saúde", pois têm que se abster de tudo ou quase tudo que os homens fazem. A beleza varia com o tempo de vida. Em um jovem, a beleza é a posse de um corpo apto a suportar o esforço da corrida e de competições de força; o que significa que ele é agradável ao olhar; e, portanto, atletas polivalentes são os mais belos, sendo naturalmente adaptados tanto para competições de força quanto para as de velocidade. Para um homem em seu auge, a beleza é aptidão para o esforço da guerra, juntamente com uma aparência agradável, mas ao mesmo tempo formidável. Para um velho, é ser forte o suficiente para despender o esforço necessário e estar livre de todas as deformidades da velhice que causam dor a outros. Força é o poder de mover outra pessoa à sua vontade; para isso, deve-se puxá-la, empurrá-la, levantá-la, prendê-la ou agarrá-la; assim, deve-se ser forte de todas essas maneiras ou pelo menos de algumas. Ter excelência em tamanho significa superar pessoas comuns em altura, corpulência e amplitude, o suficiente, porém sem que isso torne seus movimentos mais lentos. A excelência atlética do corpo consiste em tamanho, força e agilidade; esta implicando força. Aquele que pode lançar suas pernas à frente, de uma certa maneira, e movê-las rapidamente e para longe, é bom em correr; aquele que pode agarrar-se e segurar-se, é bom em lutar; aquele que pode derrubar um adversário com o golpe certo, é um bom boxeador; aquele que pode fazer essas duas últimas coisas, é um bom pancratiasta, enquanto aquele que pode fazer tudo isso é um atleta "polivalente".

A felicidade na velhice refere-se à sua chegada de forma lenta e indolor; pois um homem não dispõe de tal felicidade se envelhece rapidamente, ou tardiamente, porém dolorosamente. Ela advém tanto das excelências físicas quanto da boa sorte. Se um homem não estiver livre de doenças, ou se for forte, ele não estará livre do sofrimento; nem pode continuar a viver uma vida longa e indolor, a menos que tenha boa sorte. Há, na verdade, capacidade para uma vida longa que é deveras independente de saúde ou força, pois muitas pessoas vivem muito sem as excelências do corpo; contudo, para nosso propósito atual, não há utilidade em entrar em detalhes quanto a isso.

As expressões "posse de muitos amigos" e "posse de bons amigos" não carecem de explicação, pois definimos um "amigo" como alguém que sempre tentará, por você, fazer o que ele considera fazer-lhe bem. Aquele por quem muitos sentem assim possui muitos amigos; se esses são homens dignos, ele tem bons amigos.

"Boa sorte" significa aquisição ou posse de todas ou da maioria, ou das mais importantes, das coisas boas que são devidas à sorte. Algumas das coisas que são devidas à sorte também podem ser adquiridas pela arte; mas muitas são independentes dela, como aquelas que são devidas à natureza – embora, com certeza, coisas devidas à sorte possam, na realidade, ser contrárias à natureza. Assim, a saúde pode ser conquistada pela arte, mas a beleza e a estatura dependem da natureza. Todas aquelas coisas boas que despertam inveja são, como classe, o resultado da boa sorte. A sorte também é a causa de coisas boas que acontecem contrariamente ao que normalmente se espera. Como quando, por exemplo, todos os seus irmãos são feios, mas você é bonito; ou quando encontra um tesouro que todos os outros ignoraram; ou quando um míssil atinge o homem ao seu lado e não o atinge; ou quando você é o único a não ir a um lugar que costumava frequentar, enquanto outros vão lá pela primeira vez e acabam mortos. Todas essas coisas são consideradas porções de boa sorte.

Quanto à virtude, ela está intimamente ligada ao tema do Elogio e, assim, deixaremos para defini-la quando viermos a discutir esse assunto.

6

Está claro, agora, quais devem ser nossos objetivos, futuros ou atuais, ao instarmos, e quais ao depreciarmos uma proposta; sendo este último o oposto do primeiro. Assim, o objetivo do orador político ou deliberativo é a utilidade. A deliberação busca determinar não os fins, mas os meios para os fins, ou seja, o que é mais útil fazer. Ademais, a utilidade é algo bom. Devemos nos assegurar dos principais fatos sobre Bem e Utilidade de modo geral.

Podemos definir algo bom como aquilo que deve ser escolhido por si só; ou como aquilo pelo bem de que escolhemos outra coisa; ou como o que é buscado por todas as coisas, ou por todas as coisas que têm sensação ou razão, ou que será buscado por quaisquer coisas que adquiram razão; ou como aquilo que deve ser prescrito a um dado indivíduo pela razão em geral, ou que lhe é prescrito por sua própria razão individual, sendo este seu bem individual; ou como aquilo cuja presença leva qualquer coisa a uma condição satisfatória e autossuficiente; ou como autossuficiência; ou como aquilo que produz, mantém ou acarreta características desse tipo, ao mesmo tempo em que previne e destrói seus opostos. Uma coisa pode acarretar outra de duas maneiras: *(1)* simultaneamente e *(2)* subsequentemente. Assim, o aprendizado acarreta subsequentemente o conhecimento; a saúde acarreta simultaneamente a vida. As coisas produzem outras coisas em três sentidos: primeiro, como ser saudável produz saúde; segundo, como a comida produz saúde; e terceiro, como o exercício o faz – isto é, normalmente o faz. Tudo isso posto, observamos, então, que tanto a aquisição de coisas boas quanto a remoção de coisas ruins devem ser boas; a última envolve a liberdade das coisas más simultaneamente, enquanto a primeira envolve a posse das coisas boas subsequentemente. A aquisição de um bem superior em vez de um muito inferior, ou de um inferior em vez de um mal maior, são também bons, pois, proporcionalmente, como o superior excede o inferior, há aquisição do bem ou a remoção do mal. As virtudes também devem ser algo bom, pois é por possuí-las que estamos em uma boa condição, e elas tendem a produzir boas obras e boas ações. Elas devem ser nomeadas e descritas separadamente em outro lugar. Ainda, o prazer deve ser uma coisa boa, pois é da natureza de todos os animais almejá-lo. Consequentemente, tanto as coisas agradáveis quanto as belas devem ser coisas boas, uma vez que as primeiras produzem prazer, enquanto, entre as coisas belas, algumas são agradáveis e outras desejáveis por si sós.

Segue uma lista detalhada de coisas que devem ser boas. A felicidade, enquanto desejável e suficiente por si só, e como razão para escolhermos muitas outras coisas. Também justiça, coragem, temperança, magnanimidade, magnificência e todas essas qualidades, enquanto excelências da alma. Além disso, saúde, beleza e outras, enquanto excelências físicas e que produzem muitas outras coisas boas; por exemplo, a saúde produz tanto prazer quanto vida e, portanto, é considerada o maior dos bens, dado que essas duas coisas que ela causa, prazer e vida, são mais profundamente valorizadas pelas pessoas comuns. Novamente, a riqueza, pois é a excelência da posse e produz muitas outras coisas boas. Amigos e amizade, afinal um amigo é desejável por si mesmo e, além disso, produz muitas outras coisas boas. Assim, também, honra e reputação, enquanto agradáveis e produtivas de muitas outras coisas boas, geralmente acompanhadas das coisas boas que as fazem ser concedidas. A faculdade de falar e agir, uma vez que são qualidades produtivas daquilo que é bom. Ademais, boas partes, memória forte, receptividade, rapidez de intuição e coisas desse tipo, uma vez que todas produzem aquilo que é bom. Similarmente, todas as ciências e artes. E a vida, já que, mesmo que nenhum outro bem fosse o resultado da vida, ela é desejável em si mesma. E a justiça, como a causa do bem para a comunidade.

Essas são praticamente todas as coisas reconhecidamente boas. Ao lidar com coisas cujo benefício é contestado, podemos argumentar das seguintes maneiras: é bom aquilo cujo contrário é ruim. É bom o contrário daquilo que implicar vantagem para nossos inimigos; por exemplo, se é para a vantagem particular de nossos inimigos que sejamos covardes, claramente a coragem é de valor particular para nossos compatriotas. E, geralmente, o contrário daquilo que nossos inimigos desejam, ou daquilo com que eles se alegram, é evidentemente valioso. Daí a passagem que começa:

Príamo de certo exultaria.

Tal princípio geralmente é válido, mas, nem sempre, pois pode muito bem ser que nosso interesse às vezes seja o mesmo que o de nossos inimigos. Por isso é dito que "os males aproximam os homens"; isto é, quando a mesma coisa é prejudicial a ambos.

Além do mais, aquilo que não for excessivo é bom, e aquilo que é maior do que deveria ser é ruim. Também é bom aquilo em que muito trabalho ou dinheiro foi gasto; esse mero fato faz com que pareça bom, e tal bem é tomado como um fim – um fim alcançado por meio de uma longa cadeia de meios; e qualquer fim é um bem. Daí os versos que começam:

E a Príamo (e ao povo de Troia) eles deixariam uma vanglória;

e:

Oh, é vergonhoso

Tardar tanto e retornar de mãos vazias tal como viemos;

além do provérbio sobre "quebrar o cântaro à porta de casa".

Aquilo que a maioria das pessoas busca, e que é obviamente um objeto de discórdia, também é um bem, pois, como foi demonstrado, é bom o que é buscado por todos, e "a maioria das pessoas" é tomada como equivalente a "todos". Aquilo que é elogiado é bom, e ninguém elogia o que não é bom. Do mesmo modo, aquilo que é elogiado por nossos inimigos [ou pelos indignos], pois mesmo quando aqueles contra quem se tem uma queixa pensam que algo é bom, sente-se imediatamente que todos devem concordar com eles; nossos inimigos podem admiti-lo simplesmente porque é evidente, assim não tem valor aquilo que seus amigos censuram e seus inimigos não. Por essa razão, os coríntios se consideraram insultados por Simônides quando ele escreveu:

Contra os coríntios, Ílio não tem queixa.

Mais uma vez, é bom aquilo que foi distinguido pelo favor de um homem ou de uma mulher perspicaz ou virtuoso, como Odisseu foi distinguido por Atena, Helena por Teseu, Páris pelas deusas e Aquiles por Homero. E, falando de modo geral, todas as coisas que os homens deliberadamente escolhem fazer são boas; isso inclui as coisas já mencionadas, além de tudo o que pode ser ruim para seus inimigos ou bom para seus amigos, e que for, ao mesmo tempo, praticável. As coisas são "praticáveis" em dois sentidos: *(1)* quando é possível fazê-las, *(2)* quando é fácil fazê-las. As coisas são feitas "facilmente" quando são realizadas sem dor ou de forma rápida – a "dificuldade" de um ato reside na dor que causa ou no longo tempo que toma. Ainda, algo é bom se for tal como os homens desejam; e eles desejam não ter mal algum ou pelo menos ter um equilíbrio entre o bem e o mal. Esse último acontecerá quando a penalidade for imperceptível ou leve. Boas também são as coisas que são exclusivas de um homem, possuídas apenas por ele, excepcionais, pois isso aumenta o crédito de tê-las. Igualmente o são as coisas que beneficiam seus possuidores, como tudo o que é apropriado ao seu nascimento ou a sua capacidade, e tudo o que eles sentem que deveriam ter, mas lhes falta – tais coisas podem, de fato, ser insignificantes, mas, apesar disso, os homens deliberadamente as transformam em suas metas. E o que é facilmente efetuado; posto que é praticável (no sentido de ser fácil); tais coisas são aquelas em que todos, ou a maioria das pessoas, sejam seus iguais ou seus inferiores, obtiveram sucesso. Boas também são as coisas pelas quais gratificamos nossos amigos ou irritamos nossos inimigos; e as coisas escolhidas por aqueles que admiramos; e as coisas para as quais somos adequados por natureza ou experiência, uma vez que pensamos que nelas obteremos sucesso mais facilmente; e aquelas em que nenhum homem sem valor pode obter sucesso, afinal essas trazem maior elogio; e aquelas que de fato desejamos, pois o que desejamos é considerado não apenas agradável, mas também melhor. Além disso, homens de determinada disposição trabalham principalmente pelas coisas correspondentes a essas: amantes da vitória trabalham pela vitória, amantes da honra pela honra, amantes do dinheiro pelo dinheiro, e assim por diante. Essas, então, são as fontes das quais devemos derivar nossos meios de persuasão acerca do Bem e da Utilidade.

7

Como, no entanto, acontece frequentemente de concordar-se que duas coisas são úteis, mas não quanto a qual é mais útil, o próximo passo será tratar do bem e da utilidade relativos. Uma coisa que supera outra pode ser considerada como aquela outra coisa com algo a mais, e aquela outra coisa que é superada como algo que está contido na primeira coisa. Agora, referir-se a algo como "maior" ou "mais" sempre implica comparação entre isso e algo que é "menor" ou "menos", enquanto "grande" e "pequeno", "muito" e "pouco" são termos usados em comparação com a magnitude normal. O "grande" é aquilo que supera o normal, o "pequeno" é aquilo que é superado pelo normal; e o mesmo se dá com "muito" e "pouco".

Agora, estamos aplicando o termo "bom" àquilo que é desejável por si só e não por causa de outra coisa; àquilo a que todas as coisas visam; ao que elas escolheriam se pudessem adquirir entendimento e sabedoria prática; e àquilo que tende a produzir ou preservar tais bens, ou que é sempre acompanhado por eles. Ademais, aquilo que motiva a realização das coisas é o fim (um fim sendo aquilo em prol de que todo o resto é feito), e, para cada indivíduo, isso é um bem que preenche tais condições em relação a si mesmo. Segue-se que um número maior de bens é um bem maior do que um bem ou do que um número menor deles, se esse um ou esse número menor estiver incluído na contagem; pois, então, o número maior supera o menor, e a quantidade menor é superada por estar contida na maior.

Do mesmo modo, se o maior membro de uma classe ultrapassa o

maior membro de outra, então uma classe ultrapassa a outra; e se uma classe ultrapassa a outra, então o maior membro de uma ultrapassa o maior membro da outra. Dessa forma, se o homem mais alto é mais alto que a mulher mais alta, então os homens em geral são mais altos que as mulheres. Por outro lado, se os homens em geral são mais altos que as mulheres, então o homem mais alto é mais alto que a mulher mais alta. Assim, a superioridade de uma classe sobre a outra é proporcional à superioridade possuída por seus maiores espécimes. Novamente, onde um bem é sempre acompanhado por outro, mas nem sempre o acompanha, ele é maior que o outro, pois o uso da segunda coisa está implícito no uso da primeira. Uma coisa pode ser acompanhada por outra de três maneiras: simultaneamente, subsequentemente ou potencialmente. A vida acompanha a saúde simultaneamente (mas a saúde não acompanha a vida), o conhecimento acompanha o ato de aprender subsequentemente, a trapaça acompanha o sacrilégio potencialmente, uma vez que um homem que cometeu sacrilégio é sempre capaz de trapacear. De novo, quando cada uma de duas coisas supera uma terceira, aquela que o faz em maior quantidade é a maior das duas, pois deve superar a maior e também a menor das restantes. Uma coisa que produz um bem superior ao produzido por outra é, por si só, um bem maior do que essa outra. Essa noção de "produtor de algo maior" está implícita em nosso argumento. De forma similar, aquilo que é produzido por um bem maior é, por si só, um bem maior; assim, se o que é saudável é mais desejável e é um bem maior do que aquilo que traz prazer, a saúde também deve ser um bem superior ao prazer. Novamente, uma coisa que é desejável por si só é um bem superior àquilo que não é desejável por si só, como a força corporal em comparação ao que é saudável, uma vez que esta última não é buscada por si só, enquanto a primeira o é; e esta é nossa definição do bem. Novamente, se uma de duas coisas é um fim, e a outra não, a primeira é o bem superior, pois é escolhida por si só e não por outra coisa; por exemplo, a atividade física é escolhida em prol do bem-estar físico. E, de duas coisas, aquela que menos necessita da outra, ou de outras coisas, é o bem superior, já que é mais autossuficiente. (Aquele que necessita "menos" de outros é aquele que precisa de menos coisas ou de coisas mais fáceis.) Então, quando uma coisa não existe ou não pode vir a existir sem uma segunda, enquanto a segunda pode existir sem a primeira, a segunda é a melhor. Aquilo que não precisa de outra coisa é mais autossuficiente do que aquilo que precisa, e se apresenta como um bem superior por essa razão. De novo, aquilo que é um começo de outras coisas é um bem superior àquilo que não o é, e aquilo que é uma causa é um bem superior àquilo que não o é; pela mesma razão em cada caso, a saber, que sem uma causa e um começo nada pode existir ou vir a existir. Novamente, quando há dois conjuntos de consequências que surgem de dois começos ou causas diferentes, as consequências do começo ou da causa mais importante são em si de maior importância; e, reciprocamente, aquele começo, ou causa, é, em si, o importante e tem as consequências mais importantes. Bem, está claro, diante do que foi dito, que uma coisa pode ser mostrada como mais importante do que outra de dois pontos de vista opostos: pode parecer muito importante *(1)*, porque é um começo e a outra coisa não o é, e *(2)* porque não é um começo e a outra coisa é – com base no fato de que o fim é mais importante e ele não é um começo. Então Leodamante, ao acusar Calístrato, disse que o homem que incitou a ação era mais culpado do que seu autor, uma vez que a ação não teria ocorrido se ele não a tivesse planejado. Por outro lado, ao acusar Cabrias, ele disse que o autor era pior do que o incitador, uma vez que não haveria ação sem alguém para realizá-la; os homens, disse ele, somente planejam alguma coisa com vistas a realizá-la.

Ademais, é mais raro um bem maior do que aquilo que é abundante. Assim, o ouro é melhor do que o ferro, embora menos útil – como é difícil de se obter, vale mais a pena obtê-lo. Inversamente, pode-se argumentar que aquilo que é abundante é melhor do que o que é raro, porque podemos fazer diversos uso dele. Então, o que é frequentemente útil supera o que raramente o é, daí o ditado:

A melhor coisa é a água.

De modo amplo, a coisa difícil é melhor que a fácil porque é rara e, inversamente, a coisa fácil é melhor que a difícil, pois é como desejamos que seja. Esse é o bem maior cujo contrário é o mal maior, e cuja perda nos afeta mais. O bem e o mal positivos são mais importantes que a mera ausência de bem e de mal, uma vez que bem e mal positivos são fins, algo que sua ausência não pode ser. Além disso, na mesma proporção em que as funções das coisas são nobres ou vis, as coisas em si são boas ou más – inversamente, na mesma proporção em que as coisas em si são boas ou más, suas funções também são boas ou más, pois a natureza dos resultados corresponde àquela de suas causas e começos e, de forma recíproca, a natureza das causas e dos começos corresponde àquela de seus resultados. Além disso, certas coisas são bens maiores, sendo superior o que for mais desejável ou mais honroso. Assim, a acuidade da visão é mais desejável que a do olfato, sendo a visão de modo geral mais desejável que o olfato de modo geral; e, de forma similar, sendo o amor extraordinariamente grande pelos amigos mais honroso do que o amor extraordinariamente grande por dinheiro, o amor comum pelos amigos é mais honroso do que o amor comum por dinheiro. De forma correspondente, se uma de duas coisas normais é melhor ou mais nobre do que a outra, um grau incomum dessa coisa é melhor ou mais nobre do que um grau incomum da outra. Ainda, uma coisa é mais honrosa ou melhor do que outra se for mais honroso ou melhor desejá-la – a importância do objeto de um dado instinto corresponde à importância do próprio instinto –; e, pela mesma razão, se uma coisa é mais honrosa ou melhor do que outra, é mais honroso e melhor desejá-la. Novamente, se uma ciência é mais honrosa e valiosa do que outra, a atividade com a qual ela lida é também mais honrosa e valiosa; tal como a ciência é a realidade que é seu objeto, sendo cada ciência competente em sua própria esfera. Dessa forma também, quanto mais valioso e honroso for o objeto de uma ciência, mais valiosa e honrosa – consequentemente – será a ciência em si. De novo, aquilo que seria julgado, ou que foi julgado, como algo bom, ou melhor do que outra coisa, por todas ou pela maioria das pessoas de bom senso, ou pela maioria dos homens, ou pelos mais capazes, deve assim o ser, seja de forma absoluta, ou na medida em que julgou seu entendimento. Esse é, em verdade, um princípio geral, aplicável também a todos os outros julgamentos; não apenas o bem que advém das coisas, mas também a sua essência, magnitude e natureza geral são, de fato, exatamente aquilo que o conhecimento e o entendimento declararão que são. Aqui, o princípio usado para julgar o que é bom, uma vez que uma definição de "bom" era "o que os seres que adquirem entendimento escolherão em um dado caso qualquer" – do que se segue, claramente, que tanto melhor será aquilo que o entendimento assim declarar. Isto é, novamente, algo melhor que está ligado a homens melhores, seja de modo absoluto ou em virtude de serem melhores; assim como a coragem é melhor do que a força. E esse é um bem maior que seria escolhido por um homem melhor, seja de forma absoluta, ou em virtude de ser melhor – por exemplo, sofrer injustiça em vez de cometê-la, pois essa seria a escolha do homem mais justo. De novo, a mais agradável entre duas coisas é a melhor, uma vez que todas visam ao prazer, e instintivamente desejam a sensação prazerosa por si mesmas; e essas são duas das características pelas quais o "bem" e o "fim" foram definidos. Um prazer é superior a outro se for menos misturado à dor, ou mais duradouro. Novamente, a coisa mais nobre é melhor do que a menos nobre, uma vez que o nobre é aquilo que é agradável ou o que é desejável por si só. E essas coisas também são bens maiores que os homens desejam sinceramente realizar para si mesmos ou por seus amigos, enquanto aquelas coisas que eles menos desejam realizar são males maiores. E as coisas que são mais duradouras são melhores do que aquelas que são passageiras, e as mais seguras são melhores do que as menos seguras. O gozo do que é duradouro tem a vantagem de ser mais longo, e o do que é seguro tem a vantagem de se adequar aos nossos desejos, estando à nossa disposição quando desejarmos. Além disso, de acordo com a regra dos termos coordenados e flexões do mesmo radical, o que é verdadeiro para uma dessas palavras relacionadas é verdadeiro para todas. Assim, se a ação qualificada pelo termo "corajoso" é mais nobre e desejável do que a ação qualificada pelo termo "temperante", então "coragem" é mais desejável do que "temperança" e "ser corajoso", mais do que "ser temperante". Outra vez, aquilo que é escolhido por todos é um bem maior do que aquilo que não é, e o que é escolhido pela maioria é melhor do que o que é escolhido pela minoria. Afinal, o que todos desejam é bom, como dissemos; e, assim, quanto mais uma coisa é desejada, melhor ela é. Além disso, ela é a melhor coisa, sendo considerada como tal por concorrentes ou inimigos, ou, novamente, por juízes autorizados ou aqueles que eles selecionam para representá-los. Nos dois primeiros casos, a decisão é virtualmente de todos, nos dois últimos, de autoridades e especialistas. E, às vezes, pode-se argumentar que o que todos compartilham é a melhor coisa, uma vez que é uma desonra não compartilhar dela; outras vezes, que o que ninguém ou poucos compartilham é melhor, posto que é mais raro. Quanto mais louváveis as coisas são, mais nobres e, portanto, melhores elas são. Assim, com as coisas que ganham as maiores honras do que outras – a honra é, por assim dizer, uma medida de valor –; e aquelas cuja ausência envolve penalidades comparativamente pesadas; e as que são melhores do que outras consideradas boas. Além disso, as coisas parecem melhores simplesmente por serem divididas em suas partes, uma vez que, de tal modo, parecem superar um número maior de coisas do que antes. Assim, Homero diz que Meléagro foi despertado para a batalha pelo pensamento de

Todos os horrores que se abatem sobre um povo por cujos inimigos tem a cidade tomada,

Quando eles assassinam os homens, quando a cidade é devastada por chamas vorazes,

Quando estranhos arrastam crianças pequenas para a escravidão, (e belas mulheres para a vergonha).

Produz-se o mesmo efeito ao empilhar fatos em um clímax à maneira de Epicarmo. A razão é, em parte, a mesma que no caso da divisão (pois a combinação também dá a impressão de grande superioridade), e, em parte, porque a coisa original parece ser a causa e a origem de resultados importantes. E como uma coisa é melhor quando é mais difícil ou mais rara do que outras coisas, sua superioridade pode ser devida a estações, eras, lugares, tempos ou aos poderes naturais de alguém. Quando um homem realiza algo além de seu poder natural, ou além de seus anos, ou além da medida de seus semelhantes, ou de uma maneira especial, ou em um lugar ou tempo especiais, sua ação terá alto grau de nobreza, bondade e justiça, ou de seus opostos. Daí o epigrama sobre o vencedor nos jogos olímpicos:

No passado, sustentando em meus ombros um jugo de madeira bruta,

Eu carregava minhas cargas de peixe de Argos para Tegeia.

Então Ifícrates costumava enaltecer a si próprio descrevendo o baixo *status* a partir do qual ele havia se erguido. Novamente, aquilo que é natural é melhor do que o que é adquirido, pois é mais difícil de obter. Daí as palavras de Homero:

Não aprendi com ninguém além de mim mesmo.

E a melhor parte de uma coisa boa é particularmente boa; como quando Péricles, em seu discurso fúnebre, disse que a perda de jovens em batalha pelo país foi "como se a primavera tivesse sido retirada do ano". O mesmo acontece com aquelas coisas que são úteis quando a necessidade é premente; por exemplo, na velhice e em períodos de doença. E de duas coisas, aquela que leva diretamente ao fim é a melhor. Assim também é aquilo que tanto é melhor para as pessoas em geral como para um indivíduo em particular. Novamente, aquilo que pode ser obtido é melhor do que o que não pode ser, pois é bom em determinado caso enquanto a outra coisa não o é. E o que está no fim da vida é melhor do que o que não está, afinal seus fins acentuam-se com a proximidade do fim. O que visa à realidade é melhor do que o que visa à aparência. Podemos definir o que visa à aparência como aquilo que só tem valor escolher na medida em que os outros o saibam. Isso parece mostrar que receber benefícios é preferível do que conferi-los, visto que um homem escolherá o primeiro mesmo que ninguém saiba disso, mas não é consenso geral que ele escolherá o último se ninguém o souber. O que um homem quer ser é melhor do que o que um homem quer parecer, pois, ao almejar isso, ele está visando mais à realidade. Por isso, diz-se que a justiça tem pouco valor, já que é mais desejável parecer do que ser justo, enquanto com a saúde não é assim. Ela é melhor do que outras coisas que são mais úteis do que ela para uma série de propósitos diferentes; por exemplo, aquilo que promove a vida, a boa vida, o prazer e a conduta nobre. Por essa razão, riqueza e saúde são comumente consideradas do mais alto valor, por possuírem todas essas vantagens. Novamente, são melhores do que outras coisas que são acompanhadas tanto de menos dor quanto de prazer real, pois aqui há mais de uma vantagem; e, então, aqui temos o bem de sentir prazer tal como o bem de não sentir dor. E de duas coisas boas, tanto melhor é aquela cuja adição a uma terceira produz um todo melhor do que a adição da outra a essa mesma coisa. Novamente, aquilo que é sabido que possuímos é melhor do que o que não se sabe, uma vez que a primeira dessas coisas tem o ar da realidade. Por isso, a riqueza pode ser considerada um bem maior se sua existência for conhecida por outros. Aquilo que é muito valorizado é melhor do que o que não o é – como coisas que nos são únicas, ainda que outros a tenham em maior quantidade. Por conseguinte, cegar um homem de um olho só inflige pior dano do que cegar parcialmente um homem com dois olhos; pois o homem de um só olho foi roubado daquilo que lhe era tão caro.

Os fundamentos nos quais devemos embasar nossos argumentos, quando falamos a favor ou contra uma proposta, já foram estabelecidos de forma mais ou menos completa.

8

A qualificação mais importante e eficaz para obter sucesso, ao persuadir audiências e discursar bem sobre assuntos públicos, é entender todas as formas de governo e discriminar seus respectivos costumes, as instituições e os interesses, pois todos os homens são persuadidos por considerações de seu interesse, e seu interesse jaz na manutenção da ordem estabelecida. Ademais, cabe à autoridade suprema tomar decisões oficiais, e isso varia com cada forma de governo; há tantas autoridades supremas diferentes quantas são as diferentes formas de governo. As formas de governo são quatro: democracia, oligarquia, aristocracia, monarquia. O direito supremo de julgar e decidir sempre cabe, portanto, a uma parte ou à totalidade de um ou outro desses poderes governantes.

Uma democracia é uma forma de governo sob a qual os cidadãos distribuem os cargos do estado entre si por sorteio, enquanto sob a oligarquia há uma qualificação de propriedade, sob a aristocracia, uma de educação. Por educação, refiro-me à educação que é estabelecida pela lei, pois são aqueles que foram leais às instituições nacionais que ocupam cargos sob uma aristocracia. Estes estão fadados a serem vistos como "os melhores homens", e é desse fato que tal forma de governo derivou seu nome ("o governo dos melhores"). Monarquia, como a palavra implica, é a constituição na qual um homem tem autoridade sobre todos. Existem duas formas de monarquia: realeza, que é limitada por condições prescritas, e "tirania", que não é limitada por nada.

Devemos também notar os fins a que as várias formas de governo buscam, uma vez que as pessoas escolhem, na prática, tais ações quantas levarão à realização de seus fins. O fim da democracia é a liberdade; da oligarquia, a riqueza; da aristocracia, a manutenção da educação e das instituições nacionais; da tirania, a proteção do tirano. Fica claro, desse modo, que devemos distinguir costumes, instituições e interesses particulares que tendem a concretizar o ideal de cada constituição, uma vez que os homens escolhem seus meios em relação a seus fins. Mas a persuasão retórica é efetuada não apenas por argumentos demonstrativos, mas também éticos; ela ajuda um orador a nos convencer, se acreditarmos que ele próprio detém certas qualidades, a saber, bondade, ou boa vontade para conosco, ou ambas combinadas. De maneira similar, devemos conhecer as qualidades morais características de cada forma de governo, pois o caráter moral especial de cada uma está fadado a nos fornecer meios mais eficazes de persuasão ao lidar com ela. Aprenderemos as qualidades dos governos da mesma forma que aprendemos as qualidades dos indivíduos, uma vez que elas são reveladas por seus atos intencionais de escolha; e estes são determinados pelo fim que os inspira.

Consideramos, até agora, os objetos, imediatos ou distantes, aos quais devemos visar ao incitar qualquer proposta e os fundamentos nos quais devemos embasar nossos argumentos em favor de sua utilidade. Também consideramos brevemente os meios e métodos pelos quais obteremos um bom conhecimento das qualidades morais e das instituições peculiares às várias formas de governo – somente, no entanto, na medida exigida pela presente ocasião; um relato detalhado do assunto foi dado na *Política*.

9

Devemos, agora, considerar a Virtude e o Vício, o Nobre e o Vil, uma vez que esses são os objetos de elogio e censura. Ao fazê-lo, estaremos ao mesmo tempo descobrindo como fazer os ouvintes assumirem a visão necessária de nossos próprios personagens – nosso segundo método de persuasão. As maneiras pelas quais passam a confiar na bondade de outras pessoas são também as mesmas pelas quais passam a confiar em nós mesmos. O elogio, por sua vez, pode ser sério ou frívolo; tampouco é sempre de um ser humano ou divino, mas frequentemente de coisas inanimadas, ou do mais humilde e inferior dos animais. Aqui também devemos saber sobre quais fundamentos argumentar, e devemos, portanto, discutir agora o assunto, embora somente a título de ilustração.

Nobre é aquilo que é tanto desejável por si só como também louvável; ou aquilo que tanto é bom como também agradável por ser bom. Se essa é uma definição verdadeira do que é Nobre, segue-se que a virtude deve ser nobre, uma vez que tanto é uma coisa boa como louvável. A virtude é, de acordo com a visão comum, a faculdade de proporcionar e preservar coisas boas; ou a faculdade de conceder muitos grandes benefícios de todos os tipos, em todas as ocasiões. As formas de Virtude são: justiça, coragem, temperança, magnificência, magnanimidade, liberalidade, gentileza, prudência, sabedoria. Se a virtude é uma faculdade de beneficência, seus tipos mais elevados devem ser aqueles que são mais úteis aos outros, e, por essa razão, honra-se mais os justos e os corajosos, uma vez que a coragem é útil aos outros na guerra, a justiça, tanto na guerra quanto na paz. Em seguida, vem a liberalidade; pessoas liberais abrem mão de seu dinheiro em vez de lutar por ele, enquanto outras se importam mais com dinheiro do que com qualquer outra coisa. A justiça é a virtude pela qual todos desfrutam de suas próprias posses em conformidade com a lei; seu oposto é a injustiça, pela qual os homens desfrutam das posses de outros em desrespeito à lei. A coragem é a virtude que estimula os homens a realizar ações nobres em situações de perigo, em conformidade com a lei e em obediência aos seus comandos; a covardia é o oposto disso. A temperança é a virtude que nos induz a obedecer à lei no que se refere aos prazeres físicos; a incontinência é o oposto. A liberalidade nos estimula a gastar dinheiro pelo bem de outros; a avareza é o oposto. Magnanimidade é a virtude que nos leva a fazer o bem aos outros em larga escala; [seu oposto é mesquinharia de espírito][(1)]. Magnificência é uma virtude que produz grandeza em questões que envolvem o gasto de dinheiro. Os opostos desses dois são pequenez de espírito e mesquinharia, respectivamente. A prudência é a virtude do entendimento, que permite aos homens tomar decisões sábias quanto à relação entre o bem e o mal, que foram mencionados anteriormente, e a felicidade.

O que foi dito é um relato suficiente para nosso presente propósito, da virtude e do vício em geral, e de suas várias formas. Quanto a outros aspectos desse assunto, não é difícil discernir os fatos; é evidente que as coisas que produzem virtude são nobres, uma vez que tendem à virtude; e também os efeitos da virtude, isto é, os sinais de sua presença e os atos aos quais ela leva. E, uma vez que os sinais da virtude e tais atos são a marca de um homem virtuoso, realizar ou receber são nobres, segue-se que todos os atos ou sinais de coragem, e tudo o que é feito com coragem, devem ser coisas nobres; e o mesmo se aplica àquilo que é justo e às ações realizadas com justiça. (Não o são, no entanto, as ações justamente feitas a nós; aqui a justiça se diferencia das demais virtudes; "justamente" nem sempre significa "nobremente"; quando um homem é punido, é mais vergonhoso que isso seja feito a ele de forma justa do que injusta). O mesmo é verdade para as outras virtudes. Novamente, são nobres aquelas ações para as quais a recompensa é simplesmente a honra, ou a honra mais do que o dinheiro. Assim também o são aquelas em que se visa a algo desejável pelo bem de outrem; ações absolutamente boas, como aquelas que um homem realiza por seu país sem pensar em si mesmo; ações boas em sua própria natureza; ações que não são boas simplesmente para o indivíduo, uma vez que os interesses individuais são egoístas. São também nobres aquelas ações cuja vantagem pode ser desfrutada após a morte, em oposição àquelas cuja vantagem é desfrutada durante a vida de alguém, pois essas últimas tendem a ter

(1) N. T.: Na versão em inglês, de W. Rhys Roberts – em que se baseia a presente tradução – consta este trecho, que parece ter sido acrescentado pelo tradutor ao texto original.

em vista somente o próprio bem. Também o são todas as ações realizadas pelo bem de outros, uma vez que são realizadas tendo menos em vista o próprio bem; e todos os sucessos que beneficiam a outros e não a si mesmo; e os serviços empreendidos aos seus benfeitores, pois isso é justo; e boas ações em geral, uma vez que não são direcionadas ao lucro próprio. E os opostos daquelas coisas das quais os homens se envergonham, pois eles têm vergonha de dizer, fazer ou pretender fazer coisas vergonhosas. Então, quando Alceu disse:

Há algo que desejaria dizer-te,

Mas a vergonha me restringe,

Safo escreveu:

Se por coisas boas e nobres tu ansiasses,

Se por falar baixeza não ardesse a tua língua,

Nenhuma carga de vergonha pesaria sobre as tuas pálpebras;

O que tu com honra desejas tu dirias.

São também nobres aquelas coisas pelas quais os homens se empenham ansiosamente sem sentir medo, pois é assim que se sentem a respeito das boas coisas que levam à justa fama. Outra vez, uma qualidade ou ação é tanto mais nobre do que outra quanto são obras de pessoas, por natureza, mais distintas – assim, a vontade de um homem será mais nobre do que a de uma mulher. E são nobres aquelas qualidades que proporcionam maior prazer a outras pessoas do que a seus possuidores; daí a nobreza da justiça e das ações justas. É nobre vingar-se dos inimigos e não chegar a um acordo com eles, pois a retribuição é justa, e o justo é nobre; e não se render é um sinal de coragem. Também a vitória e a honra pertencem à classe das coisas nobres, pois são desejáveis mesmo quando não produzem frutos, e provam a superioridade de nossas qualidades. As coisas dignas de serem lembradas são nobres, e, quanto mais dignas, mais nobres. Também assim o são as coisas que perduram mesmo após a morte; aquelas que são sempre acompanhadas de honra; as que são excepcionais; e as que são possuídas por uma única pessoa – estas últimas são mais prontamente lembradas do que outras. Assim também o são as posses que não trazem lucro, uma vez que são mais adequadas a um cavalheiro que outras. São também nobres as qualidades distintivas de um povo em particular, e os símbolos expressam aquilo que em especial estimam, como os cabelos longos em Esparta, onde essa é uma marca de um homem livre, pois não é fácil realizar qualquer tarefa servil com cabelos longos. Igualmente, é nobre não praticar nenhum ofício sórdido, uma vez que é a marca de um homem livre não ser subserviente a outro. Devemos também presumir, quando desejamos elogiar um homem ou culpá-lo, que qualidades intimamente ligadas àquelas que ele realmente possui são idênticas a elas; por exemplo, que o homem cauteloso tem sangue frio e é traiçoeiro, e que o homem estúpido é um sujeito honesto ou que o homem impassível tem bom temperamento. Pode-se sempre idealizar qualquer homem, recorrendo às virtudes semelhantes às suas qualidades reais; assim, podemos dizer que o homem passional e excitável é "franco"; ou que o homem arrogante é "esplêndido" ou "formidável". Os homens dados a extremos serão considerados pelas correspondentes boas qualidades; à precipitação se chamará coragem e à extravagância, generosidade. Isso será o que a maioria das pessoas pensará; e, ao mesmo tempo, tal método permite a um defensor levar a uma inferência enganosa da causa, argumentando que, se um homem corre para o perigo desnecessariamente, muito mais o fará por uma causa nobre; e se um homem é liberal com toda e qualquer pessoa, também o será com seus amigos, uma vez que é a forma extrema da bondade ser bom para todos.

Devemos, ainda, levar em conta a natureza de nossa audiência ao realizar um elogio, pois, como Sócrates costumava dizer, "não é difícil elogiar os atenienses para uma audiência ateniense". Se a audiência estima determinada qualidade, devemos dizer que nosso herói a possui, não importa se estamos nos dirigindo a citas, espartanos ou filósofos. Devemos, de fato, representar como nobre tudo aquilo que é estimado. Afinal, as pessoas consideram essas duas coisas muito parecidas.

São nobres todas as ações que forem apropriadas ao homem que as realiza – se forem, por exemplo, dignas de seus ancestrais ou de seu próprio passado, uma vez que contribui para a felicidade e é nobre que ele engrandeça a honra que já detém. Mesmo ações inadequadas são nobres se forem melhores e mais nobres do que seriam as adequadas; por exemplo, se alguém que era apenas uma pessoa mediana sob condições normais se torna um herói na adversidade, ou se ele se torna melhor e mais fácil de lidar quanto mais alto ele sobe. Compare-se ao que disse Ifícrates, "Pense no que eu era e no que eu sou"; e o epigrama sobre o vencedor dos jogos olímpicos:

No passado, sustentando em meus ombros um jugo de madeira bruta,

e o elogio de Simônides:

Uma mulher cujo pai, cujo marido, cujos

irmãos eram todos príncipes.

Uma vez que elogiamos um homem por aquilo que ele realmente fez, e as ações refinadas se distinguem de outras por serem deliberadamente boas, devemos tentar provar que os atos nobres do nosso herói são deliberados. Isso é ainda mais fácil se pudermos perceber que ele já agiu assim muitas vezes antes, e, portanto, devemos expor coincidências e acidentes como atos intencionais. Exponha uma série de boas ações, todas do mesmo tipo, e as pessoas pensarão que elas devem ter sido deliberadas, e que provam as boas qualidades do homem que as praticou.

O elogio é a expressão em palavras da eminência das boas qualidades de um homem e, portanto, devemos exibir suas ações como o produto de tais qualidades. O panegírico refere-se àquilo que ele de fato realizou; a menção a pormenores, como bom nascimento e boa educação, apenas ajuda a tornar nossa história cabível – bons pais provavelmente terão bons filhos, e um bom treinamento provavelmente produzirá um bom caráter. Assim, é somente quando um homem já realizou algo que lhe conferimos panegíricos. Contudo, os atos em si são evidências do caráter de seu autor – mesmo que um homem não tenha de fato praticado determinado bom ato, devemos elogiá-lo, se tivermos certeza de que ele é o tipo de homem que o faria. Chamar alguém de abençoado é, pode-se acrescentar, o mesmo que chamá-lo de feliz; mas isso não é o mesmo que lhe conceder elogios e panegíricos; os dois últimos são parte de "chamá-lo de feliz", tanto quanto o bem é parte da felicidade.

Elogiar um homem é, em certo sentido, semelhante a instar um curso de ação. As sugestões que seriam feitas no último caso tornam-se elogios quando expressas de outra forma. Quando sabemos qual ação ou caráter são necessários, então, para expressar tais fatos como sugestões de ação, temos que mudar e reverter nosso enunciado. Assim, a declaração "Um homem deve se orgulhar, não daquilo que deve à sorte, mas sim ao que deve a si mesmo", se colocada dessa forma, equivale a uma sugestão; para transformá-la em elogio, devemos expressá-la assim: "Uma vez que ele se orgulha, não ao que deve à sorte, mas ao que deve a si mesmo". Consequentemente, sempre que quiser elogiar alguém, pense em que você estimularia as pessoas a fazer; e quando quiser estimulá-las a fazer o que quer que seja, pense em como elogiaria um homem por assim ter feito. Visto que a sugestão pode ou não proibir uma ação, o elogio em que a convertemos deve, consonantemente, ter uma ou outra de duas formas opostas.

Há, ainda, muitas formas úteis de aumentar-se o efeito do elogio. Devemos, por exemplo, apontar que certo homem é o único, ou o primeiro, ou quase o único a fazer algo, ou que o fez de modo melhor do que qualquer outro; todas essas distinções são honrosas. E devemos, além disso, engrandecer a estação e ocasião específicas de uma ação, argumentando que dificilmente poderíamos ter esperado por isso naquele momento. Se um homem frequentemente alcançou o mesmo sucesso, devemos mencionar tal feito; esse é um ponto forte; o crédito caberá a ele próprio, e não à sorte. Assim, também, se por sua conta foram concebidas e instituídas certas formalidades, vamos encorajá-las ou honrá-las como suas; dessa forma, podemos elogiar Hipólocos, por ter sido dirigido a si o primeiro panegírico já feito, ou Harmódio e Aristógito, porque suas estátuas foram as primeiras a serem erigidas no mercado. E podemos censurar os homens maus pelos motivos opostos.

Ora, se não se encontra o suficiente para dizer sobre um homem, pode-se compará-lo a outros, como Isócrates costumava fazer devido à sua falta de familiaridade com alegações forenses. A comparação deve se dar com homens renomados; isso fortalecerá seu caso; é nobre superar homens grandiosos. É natural que métodos de "ampliação de efeito" sejam aplicados particularmente a discursos de elogio; eles visam provar superioridade sobre outros, e qualquer superioridade desse tipo é uma forma de nobreza. Portanto, se não se pode comparar seu herói a homens de renome, deve-se, ao menos, compará-lo a outras pessoas em geral, uma vez que qualquer superioridade é reveladora de excelência. E, em geral, das linhas de argumentação que são comuns a todos os discursos, essa "ampliação de efeito" é mais adequada para declamações, nas quais tomamos as ações do nosso herói como fatos admitidos, e nosso ofício é simplesmente imprimir dignidade e nobreza a tais ações. "Exemplos" são mais adequados aos discursos deliberativos, pois julgamos eventos futuros ao conjecturar acerca de eventos passados. Os entimemas servem melhor aos discursos forenses; são nossas dúvidas sobre eventos passados que mais admitem argumentos que apontam por que algo deve ter acontecido ou que provam que assim realmente sucedeu.

O que vimos são as linhas gerais sobre as quais todos, ou quase todos, os discursos de elogio ou censura se constroem. Vimos o tipo de coisa que devemos ter em mente ao realizar tais discursos, e os materiais dos quais são feitos os elogios e as censuras. Não é necessária qualquer atenção especial à censura e à vituperação. Conhecendo-se os fatos, conhece-se, assim, seus contrários; e é com base neles que os discursos de censura são produzidos.

10

Ocupemo-nos, em seguida, da Acusação e da Defesa, e de enumerar e descrever os ingredientes dos silogismos utilizados. Três coisas devemos determinar: primeiro, a natureza e o número de incentivos das transgressões; segundo, o estado de espírito dos transgressores; terceiro, o tipo de pessoas que sofrem a transgressão, e sua condição. Lidaremos com tais questões em ordem. Mas, antes disso, vamos definir o ato de "transgredir".

Podemos descrever "transgressão" como um dano infligido voluntariamente de forma contrária à lei. A "lei" pode ser especial ou geral. Por lei especial, refiro-me à lei escrita, que regula a vida de uma comunidade específica; por lei geral, todos os princípios não escritos, que são supostamente reconhecidos em toda a parte. Agimos "voluntariamente" quando o fazemos de modo consciente e irrestrito. (Nem todos os atos voluntários são deliberados, mas todos os atos deliberados são conscientes – ninguém ignora aquilo que deliberadamente pretende.) As causas de deliberadamente tencionarmos a atos prejudiciais e perversos, contrários à lei, são: *(1)* o vício, *(2)* a falta de autocontrole. As ofensas que um homem comete contra outros corresponderão à má qualidade ou às más qualidades que ele próprio possui. Assim, é o homem mesquinho que provocará prejuízo monetário, o libertino por questões de prazer físico, o indolente por conforto e o covarde quando há perigo – seu terror o faz abandonar aqueles que estão envolvidos no mesmo perigo. O homem ambicioso faz o mal por uma questão de honra, o temperamental por raiva, o amante da vitória pela vitória em si, o amargurado pela vingança, o estúpido por sua ignorância de certo e errado, o cínico porque não se importa com o que as pessoas pensam dele; e assim com o restante – qualquer mal que alguém faça aos outros corresponde às suas falhas particulares de caráter.

No entanto, esse assunto já foi em parte esclarecido em nossa discussão sobre as virtudes e será explicado adiante quando tratarmos das emoções. Voltemo-nos, agora, aos motivos e estados de espírito dos transgressores, e daqueles a quem eles fazem o mal.

Decidamos primeiro que tipo de coisas as pessoas estão tentando obter ou evitar quando se propõem a fazer mal aos outros. Está claro que o promotor deve considerar, dentre todos os objetivos que podem nos induzir a fazer mal aos nossos vizinhos, quantos e quais, afetam seu adversário; enquanto o réu deve considerar quantos e quais, não o afetam. Agora, cada ação de cada pessoa deve-se ou não a essa pessoa em si. Das que não se devem a si, algumas se devem ao acaso, outras à necessidade; dessas últimas, novamente, algumas se devem à compulsão, outras à natureza. Consequentemente, todas as ações que não são devidas a um homem em si devem-se ao acaso, à natureza ou à compulsão. Todas as ações que se devem a um homem em si e são por ele causadas são devidas ao hábito ou à ânsia racional ou irracional. A ânsia racional é um anseio pelo bem, ou seja, um desejo – ninguém deseja nada que não considere bom. A ânsia irracional é dupla, a saber, raiva e apetite.

Desse modo, toda ação deve ser devida a uma ou outra destas sete causas: acaso, natureza, compulsão, hábito, raciocínio, raiva ou apetite. É supérfluo distinguir ainda mais as ações de acordo com as idades dos praticantes, estados morais e afins; é claramente verdade que, por exemplo, jovens tenham temperamentos quentes e apetites fortes; ainda assim, não é por sua juventude que agem de tal modo, mas pela raiva ou apetite. Nem, tampouco, a ação se deve à riqueza ou à pobreza; é claro que os homens pobres, por falta de dinheiro, têm apetite por ele, e que os homens ricos, por serem capazes de comandar prazeres desnecessários, têm apetite por tais prazeres; no entanto, tampouco aqui suas ações serão devidas à riqueza ou à pobreza, mas sim ao apetite. O mesmo se aplica aos homens justos e injustos, e a todos os outros que agem de acordo com suas qualidades morais; suas ações serão, em realidade, devidas a uma das causas mencionadas – raciocínio ou emoção, devido, às vezes, a boas disposições e boas emoções e, às vezes, a más; porém, é mero detalhe que boas qualidades sejam seguidas por boas emoções e más qualidades por más ações. Não há dúvida de que o homem temperante, por exemplo, por assim o ser, sempre e imediatamente ocupa-se com opiniões e apetites saudáveis em relação a coisas agradáveis, e que o homem intemperante, por opiniões e apetites deletérios. Devemos, desse modo, ignorar tais distinções. Ainda assim, devemos considerar quais tipos de ações e de pessoas geralmente andam juntas, pois, embora não haja tipos definidos de ação associados ao fato de um homem ser branco ou negro, alto ou baixo, faz diferença se ele é jovem ou velho, justo ou injusto. E, de modo geral, todas essas qualidades acessórias distintivas do caráter humano são importantes; por exemplo, o senso de riqueza ou pobreza, de sorte ou azar. Isso será tratado adiante – lidemos, antes, com o restante do assunto diante de nós.

As coisas que acontecem ao acaso são todas aquelas cuja causa não pode ser determinada, que não têm propósito e que não acontecem sempre, nem comumente, nem de forma fixa. A definição de acaso mostra exatamente a que se refere. Aquilo que acontece por natureza, tem uma causa fixa e interna; são coisas que ocorrem de modo uniforme, sempre ou comumente. Não há necessidade de detalhar com exatidão as coisas que acontecem contrariamente à natureza, nem de perguntar se elas acontecem, em algum sentido, naturalmente ou por alguma outra causa; parece que o acaso é, pelo menos em parte, a causa de tais eventos. Aquilo que acontece de forma compulsória é o que ocorre contrariamente ao desejo ou à razão do autor, ainda que por sua própria agência. Hábitos são atos que os homens cometem porque muitas vezes os fizeram antes. As ações são devidas ao raciocínio quando, em vista de qualquer um dos bens já mencionados, parecem úteis como fins ou como meios para um fim, e são realizadas por essa razão – "por essa razão" –, haja vista que mesmo pessoas licenciosas realizam certo número de ações úteis, ainda que por serem agradáveis e não porque são úteis. À paixão e à raiva são devidos todos os atos de vingança. Vingança e punição são coisas diferentes. A punição é infligida para o bem da pessoa punida; a vingança para o bem do punidor, para satisfazer seus sentimentos. (O que é raiva ficará claro quando discutirmos as emoções.) O apetite é a causa de todas as ações que parecem agradáveis. O hábito, seja adquirido por mera familiaridade, seja pelo esforço, pertence à classe de coisas agradáveis, pois há muitas ações não naturalmente agradáveis que os homens realizam com prazer, uma vez que se acostumaram a elas. Em suma, todas as ações devidas a nós mesmos são ou parecem ser boas ou agradáveis. Ademais, como todas as ações devidas a nós mesmos são realizadas voluntariamente e as ações não devidas a nós são involuntárias, seguem-se que todas as ações voluntárias devem ser ou parecer boas ou agradáveis, pois eu conto entre os bens tanto a liberação de males ou de males aparentes quanto a troca de um mal maior por outro menor (visto que tal é, em certo sentido, desejável), e, da mesma forma, conto entre os prazeres tanto o evitamento daquilo que é doloroso ou aparentemente doloroso como a troca de uma dor maior por outra menor. Devemos averiguar, assim, o número e a natureza das coisas que são úteis e agradáveis. O útil foi examinado anteriormente em relação à oratória política; prossigamos, agora, ao exame do agradável.

Nossas várias definições devem ser consideradas adequadas, ainda que não exatas, posto que são claras.

11

Pode-se estabelecer que o Prazer é um movimento, pelo qual a alma como um todo é conscientemente trazida ao seu estado normal; e que a Dor é o oposto disso. Se isso é prazer, claramente o agradável é aquilo que tende a produzir tal condição, enquanto aquilo que tende a destruí-la, ou a fazer com que a alma seja trazida ao estado oposto, é doloroso. Deve, portanto, via de regra, ser agradável mover-se em direção ao seu estado natural, particularmente quando um processo também natural levou à completa recuperação de tal estado natural. Os hábitos também são agradáveis, pois, assim que uma coisa se torna habitual, torna-se virtualmente natural; o hábito se assemelha à natureza; o que acontece frequentemente é semelhante àquilo que sempre acontece, sendo os eventos naturais os que acontecem sempre, e os habituais, frequentemente. Também é agradável aquilo que não nos é imposto, pois a imposição não é natural, e, assim, o compulsório é doloroso, quanto ao que acertadamente se disse:

Tudo quanto é feito por obrigação é amargo para a alma.

Portanto, todos os atos de concentração, empenho intenso e excessivo esforço são necessariamente dolorosos; todos eles envolvem compulsão e força, a menos que estejamos acostumados a eles, caso em que o costume acaba por torná-los agradáveis. Os opostos a estes são agradáveis; assim, tranquilidade, ausência de inquietação, relaxamento, distração, descanso e sono pertencem à classe das coisas agradáveis, visto que todos eles são livres de qualquer elemento de compulsão. Também é agradável tudo pelo que desejamos dentro de nós, uma vez que o desejo é o anseio por prazer. Dos desejos, alguns são irracionais, outros associados à razão. Por irracionais, refiro-me aos que não surgem de nenhuma opinião mantida pela mente. Desse tipo são aqueles conhecidos como "naturais"; por exemplo, aqueles originários do corpo, como o desejo por nutrição, ou seja, fome e sede, e um tipo separado de desejo que responde a cada tipo de nutrição; e os desejos relacionados ao paladar, sexo e sensações de tato em geral; bem como os do olfato, da audição e da visão. Desejos racionais são aqueles que somos induzidos a sentir; há muitas coisas que desejamos ver ou obter porque nos contaram a seu respeito e fomos induzidos a acreditar que são boas. Além disso, o prazer é a consciência, por meio dos sentidos, de certo tipo de emoção; mas a imaginação é um tipo fraco de sensação, e sempre haverá, na mente de um homem que se lembra ou espera por algo, uma imagem daquilo de que ele se lembra ou do que espera. Se assim o é, evidentemente a memória e a expectativa também, por serem acompanhadas pela sensação, podem ser acompanhadas de prazer. Segue-se daí que qualquer coisa agradável ou é presente e percebida, ou passada e lembrada, ou futura e esperada, haja vista que percebemos prazeres presentes, lembramos os passados e esperamos pelos futuros. Agora, as coisas que são agradáveis de se lembrar não são apenas aquelas que, quando realmente percebidas como presentes, foram agradáveis, mas também certas coisas que não o foram, desde que seus resultados tenham se mostrado subsequentemente nobres e bons. Daí as palavras:

Doce é, após resgatado, lembrar a dor

e

Até mesmo suas tristezas se tornam agradáveis, passado o tempo, para aquele que se lembra

De tudo o que fez e suportou.

A razão para tal é que é agradável até mesmo simplesmente encontrar-se livre do mal. As coisas pelas quais é agradável esperar são aquelas que, quando presentes, nos proporcionam grande sensação de deleite ou benefício, mas não do tipo doloroso. E, de forma geral, tudo aquilo que nos deleita quando presente também o faze, como regra, à sua mera lembrança ou expectativa. Desse modo, até mesmo a raiva é agradável. Homero disse que a ira:

É muito mais doce do que o favo de mel gotejante.

De fato, ninguém alimenta raiva por alguém contra quem não há perspectiva de vingança, e sentimos comparativamente pouca, ou nenhuma raiva, daqueles que são muito superiores a nós em poder. Um certo sentimento agradável está associado à maioria dos nossos apetites, seja desfrutando da lembrança de um prazer passado ou da expectativa de um futuro, assim como pessoas com febre, durante seus ataques de sede, apreciam as lembranças das bebidas que tomaram e anseiam por mais. Similarmente, um amante aprecia falar ou escrever sobre seu objeto de amor, ou fazer qualquer mínima coisa relacionada a ele; todas essas coisas o trazem à memória e o tornam verdadeiramente presente ante a imaginação. De fato, é sempre o primeiro sinal de amor que, além de desfrutar da presença de alguém, nos lembremos dele quando se vai, e sentimos dor e prazer por não estar mais ali. De forma semelhante, há um elemento de prazer até mesmo no luto e na lamentação por aquele que partiu. Há tristeza, de fato, por sua perda, mas prazer em lembrá-lo e, por assim dizer, vê-lo diante de nós em seus atos e em sua vida. Podemos muito bem acreditar no poeta quando ele diz:

Falou e despertou no coração de cada homem o amor pelo lamento.

Também a vingança é agradável; obtemos prazer em conseguir qualquer coisa que seja doloroso não obter, e pessoas enraivecidas sofrem dor extrema quando não conseguem obter sua vingança; mas elas apreciam a perspectiva de obtê-la. A vitória também é agradável, e não apenas para os "maus perdedores", mas para todos; o vencedor se vê sob luz do campeão, e todos têm um apetite mais ou menos aguçado para tal. O prazer da vitória implica, logicamente, que os esportes combativos e as disputas intelectuais são agradáveis (já que nestas, muitas vezes, há um vencedor) e também jogos como ganizes, bola, dados e damas. E, de forma similar, os esportes sérios; alguns desses jogos se tornam agradáveis quando alguém está acostumado a eles, enquanto outros são agradáveis desde o início, como caça com cães, ou mesmo qualquer tipo de caça. Afinal, onde há competição, há vitória. É por esse motivo que as disputas de defesa e debate forense são agradáveis para aqueles capacitados e acostumados a elas. Honra e boa reputação estão entre as coisas mais agradáveis de todas; elas fazem um homem ver-se com caráter refinado, especialmente quando é creditado como tal por pessoas que considera bons juízes. Seus vizinhos são melhores juízes do que pessoas distantes; seus associados e compatriotas, melhores do que estranhos; seus contemporâneos, melhores do que os da posteridade; pessoas sensatas, melhores do que as tolas; um grande número de pessoas, melhor do que um pequeno número – aqueles da primeira classe, em cada caso, são os mais propensos a ser bons juízes dele. Honra e crédito concedidos por aqueles que o indivíduo considera muito inferiores a si – por exemplo, crianças ou animais – não têm valor – não por si só, de qualquer forma – se são valorizados, é por outro motivo. Amigos pertencem à classe de coisas agradáveis; é agradável amar – se você ama vinho, certamente o acha deleitoso; e é agradável ser amado, pois isso também faz com que o homem se veja como bondoso, algo que todos os que sentem desejam obter; ser amado significa ser valorizado por suas próprias qualidades pessoais. Ser admirado também é agradável, simplesmente por causa da honra implícita. A lisonja e o lisonjeador são agradáveis: vemos o lisonjeador como alguém que nos admira e gosta de nós. Fazer a mesma coisa frequentemente é agradável, pois, como vimos, qualquer coisa habitual é agradável. E mudar também é agradável, afinal a mudança representa uma aproximação da natureza, enquanto a repetição invariável de qualquer coisa causa o prolongamento excessivo de uma condição estabelecida; por isso, diz o poeta:

Em tudo é doce a mudança.

Por essa razão, aquilo que chega até nós apenas após longos intervalos é agradável, seja uma pessoa ou coisa, pois representa uma mudança do que tínhamos antes e, além disso, aquilo que chega a nós apenas após longos intervalos tem o valor da raridade. Aprender coisas e maravilhar-se com elas também são situações agradáveis, via de regra; a admiração implica desejo de aprender, de modo que o objeto da admiração é um objeto de desejo; enquanto, por meio do aprendizado, chega-se à sua condição natural. Conceder e receber benefícios pertencem à classe do que é agradável; receber um benefício equivale a obter aquilo que se deseja; conceder um benefício implica tanto posse como superioridade, ambas coisas que buscamos alcançar. Porque os atos beneficentes são agradáveis, as pessoas apreciam ajudar seus vizinhos de volta à ordem e suprir o que lhes falta. Também, porque aprender e maravilhar-se são coisas agradáveis, segue-se que atos de imitação também o sejam – por exemplo, pintura, escultura, poesia e todo produto de imitação habilidosa; este último, mesmo que o objeto imitado não seja agradável em si, uma vez que não é o objeto em si que aqui dá prazer; o espectador realiza inferências ("Isso é isso e aquilo") e, assim, aprende algo novo. Mudanças dramáticas de sorte e escapar por um triz de perigos são ocorrências agradáveis, pois sentimos tais coisas como maravilhosas.

Uma vez que aquilo que é natural é agradável, e coisas semelhantes entre si parecem naturais umas às outras, consequentemente, todas as coisas afins e similares são normalmente agradáveis umas às outras; por exemplo, um homem, cavalo ou jovem é agradável a outro homem, cavalo ou jovem. Daí os provérbios "cada qual com seu igual", "cada ovelha com sua parelha", "fera conhece fera", "gralha a gralha" e outros do mesmo tipo. Mas como tudo o que é semelhante e congênere a si é agradável, e como cada homem é, ele próprio, tanto mais semelhante e congênere a si mesmo do que a qualquer outro, segue-se que todos nós devemos ser relativamente afeiçoados a nós mesmos, afinal toda essa semelhança e esse parentesco está presente particularmente na relação de um indivíduo consigo mesmo. E porque todos nós somos afeiçoados a nós mesmos, segue-se que o que é nosso é agradável a todos nós, como nossas próprias ações e palavras. É por esse motivo que, em geral, somos afeiçoados aos nossos aduladores, [nossos amantes] e honra; também aos nossos filhos, pois eles são o fruto do nosso próprio trabalho. Também é agradável completar o que é falho, uma vez que a coisa acabada se torna, então, o fruto de nosso próprio trabalho. E como o poder sobre os outros é muito agradável, é agradável ser considerado sábio; a sabedoria prática nos assegura poder sobre os outros. (A sabedoria científica também é agradável; ela representa conhecimento acerca de muitas coisas maravilhosas.) E mais, como a maioria de nós é ambiciosa, parece agradável menosprezar nossos vizinhos, bem como ter poder sobre eles. É agradável para um homem ocupar seu tempo com o que sente que pode fazer de melhor; como diz o poeta:

A isso ele se curva,
A isso reserva a maior parte de cada dia, àquilo em que
Ele é de fato a melhor parte de si mesmo.

Similarmente, uma vez que divertimento e toda sorte de relaxamento e riso também pertencem à classe das coisas agradáveis, segue-se que coisas ridículas são agradáveis, sejam homens, palavras ou ações. Discutimos o ridículo separadamente no tratado sobre a *Arte Poética*.

Basta o que abordamos quanto à questão das coisas agradáveis; ao considerar seus opostos, tornamos evidentes o desagradável.

12

Os motivos citados são os que levam os homens a fazer mal aos outros; assim, consideremos, a seguir, os estados de espírito nos quais o fazem e as pessoas a quem o fazem.

Eles próprios parecem supor que o mal pode ser perpetrado, e por eles – ou pensam que podem fazê-lo sem serem descobertos, ou que, se forem descobertos, podem escapar à punição, ou que, se forem punidos, o custo será menor do que os ganhos para si próprios ou para os seus. O assunto geral da possibilidade e impossibilidade aparentes será tratado adiante, uma vez que é relevante não apenas para o discurso forense, mas para todos os tipos de discurso. Contudo, pode-se dizer aqui que as pessoas pensam que podem fazer mal aos outros mais facilmente sem serem punidas quando possuem eloquência, ou habilidade prática, ou muita experiência jurídica, ou um grande grupo de amigos, ou muito dinheiro. A confiança é maior quando elas possuem as vantagens mencionadas, mas, mesmo sem elas, ficam satisfeitas se têm amigos, apoiadores ou parceiros que possuem essas mesmas vantagens: elas podem, dessa maneira, cometer seus crimes e escapar de serem descobertas e punidas por cometê-los. Elas também se consideram seguras se estiverem em bons termos com suas vítimas ou com os juízes que as julgam. Suas vítimas, nesse caso, não estarão em guarda contra serem injustiçadas, e farão algum acordo em vez de processá-las; enquanto seus juízes as favorecerão por gostarem delas, seja deixando-as completamente livres ou impondo-lhes sentenças leves. É improvável que sejam descobertas se aparentarem o contrário das acusações feitas contra elas; por exemplo, é improvável que um fracote seja acusado de agressão violenta, ou um homem pobre e feio, de adultério. Injúrias públicas e abertas são as mais fáceis de cometer, dado que ninguém as suporia possíveis e, portanto, nenhuma precaução contra elas é tomada. O mesmo vale para crimes tão grandes e terríveis que nenhum homem vivo poderia ser suspeito deles – tampouco aqui são tomadas precauções, pois todos os homens se protegem contra ofensas comuns, assim como se protegem contra doenças comuns; mas ninguém toma precauções contra uma doença que ninguém nunca teve. Você também se sente seguro, se não tem inimigos ou se tem muitos deles. Se não tem nenhum, espera não ser vigiado e, portanto, não ser detectado; se tem muitos, você será vigiado e, portanto, as pessoas pensarão que você nunca arriscará atentar contra elas, e pode defender sua inocência apontando que nunca poderia ter assumido tal risco. Você também pode confiar em esconder seu crime pela maneira como o comete ou pelo lugar em que o faz, ou por algum meio conveniente de descarte.

Pode-se sentir que, mesmo sendo descoberto, é possível evitar um julgamento, ou adiá-lo, ou corromper seus juízes – ou, ainda, que mesmo se for sentenciado, poderá evitar pagar indenizações, ou ao menos adiar fazê-lo por um longo tempo; ou pode-se considerar em tão má condição que nada tem a perder. Pode sentir que o ganho a ser obtido com o mal é grande, certo ou imediato, e que a penalidade é pequena, incerta ou distante. Pode ser que a vantagem a ser obtida seja maior do que qualquer retaliação possível – como no caso do poder despótico, de acordo com a visão popular. Pode-se considerar que seus crimes trazem lucro sólido, enquanto sua punição restringe-se a ser insultado. Ou o argumento oposto pode atraí-lo: seus crimes podem trazer-lhe algum crédito (assim, você pode, incidentalmente, estar vingando seu pai ou mãe, como fez Zenão), enquanto a punição pode equivaler a uma multa, ou banimento, ou algo desse tipo. As pessoas podem ser levadas a prejudicar outras por qualquer um desses motivos ou sentimentos, mas nenhum homem por ambos – eles afetarão pessoas de características completamente opostas. Pode-se sentir encorajado por já ter escapado muitas vezes da detecção ou da punição; ou por ter muitas vezes tentado e falhado, pois no crime, assim como na guerra, há homens que sempre se recusarão a desistir da luta. Pode-se obter prazer no instante e dor tardiamente, ou ganho imediato e perda tardia.

Isso é o que atrai pessoas de vontade fraca – e a fraqueza de vontade pode ser demonstrada em relação a todos os objetos de desejo. Pode-se, pelo contrário, ser atraído do mesmo modo como são as pessoas comedidas e sensatas: que haja dor e perda imediatas, enquanto o prazer e o lucro vêm depois e duram mais. Pode ser que se sinta capaz de fazer parecer que seu crime ocorreu por acaso, ou por necessidade, ou por causas naturais, ou por hábito – na verdade, de modo geral, como se tivesse falhado em fazer o certo em vez de realmente ter-se feito algo errado. Pode-se confiar que outras pessoas o julgarão com equidade. Pode-se ser incitado por se encontrar em necessidade, o que pode significar que lhe faltam coisas necessárias, como aos pobres, ou que busca luxos, como os ricos. Pode-se ser encorajado por sua reputação particularmente boa, pois isso evita que seja visto como suspeito; ou por uma reputação particularmente ruim, porque é improvável que quaisquer de seus atos possam piorá-la.

Foram citados os diversos estados de espírito em que um homem se propõe a fazer mal a outrem. Consideremos, em seguida, o tipo de pessoa a quem ele faz mal, e as maneiras pelas quais o faz. As pessoas contra quem comete injustiças são aquelas que possuem aquilo que ele quer, sejam necessidades ou luxos e materiais para divertimento. Suas vítimas podem estar distantes ou próximas. Caso estejam próximas, ele obtém seu lucro rapidamente; se estiverem distantes, a vingança é lenta, como sucede com aqueles que saqueiam os cartagineses. Elas podem ser tipos crédulos em vez de cautelosos e vigilantes, uma vez que pessoas assim são fáceis de iludir. Ou podem ser dóceis demais para ter a energia necessária para processar um infrator. Ou podem ser pessoas sensíveis, que não são aptas a disputar por questões de dinheiro. Ou aquelas que já foram injustiçadas por muitas pessoas e, ainda assim, não as processaram; tais homens certamente são, como no provérbio, "a presa dos mísios". Ou aquelas que nunca antes, ou que frequentemente, foram injustiçadas; em nenhum dos casos tais pessoas tomarão precauções; se nunca foram injustiçadas, pensam que jamais o serão, e se foram injustiçadas com frequência, sentem que certamente isso não poderá acontecer novamente. Ou pessoas cujo caráter foi atacado no passado, ou está exposto a ataques futuros – estas ficarão com muito medo dos juízes para optar por processar, e não poderão ganhar seu caso se o fizerem: isso se aplica àquelas que são odiadas ou impopulares. Outra classe provável de vítimas são pessoas cujo agressor pode fingir que tenha, sejam elas próprias ou seus ancestrais ou amigos, tratado mal, ou pretendido tratar mal, seja o próprio homem, ou seus ancestrais, ou aquelas de quem ele gosta; como diz o provérbio, "a maldade precisa apenas de um pretexto". Um homem pode prejudicar seus inimigos, porque isso é agradável; ele pode igualmente prejudicar seus amigos, porque isso é fácil. Então, há os que não têm amigos, e os que não têm eloquência e capacidade prática; estes não tentarão processar; chegarão a um acordo, ou, falhando nisso, perderão seu caso. Há aqueles para quem não vale a pena perder tempo esperando julgamento ou indenização, como estrangeiros e pequenos fazendeiros; eles se contentam com uma ninharia e sempre estão prontos para ceder. Também há as pessoas que prejudicaram outros frequentemente ou, da mesma forma, que estão sendo prejudicadas agora – afinal sente que quase nenhum mal é feito às pessoas quando é o mesmo mal que estas frequentemente infligiram a outras; como quando, por exemplo, você agride um homem que está acostumado a se comportar com violência com os outros. O mesmo acontece com aqueles que fizeram mal a outros, ou tiveram a intenção de fazer, ou pretendem fazer, ou provavelmente farão; há algo bom e agradável em prejudicar essas pessoas – parece que quase nenhum mal foi perpetrado. Bem como aqueles que, ao sofrerem um mal, gratificarão nossos amigos, ou a quem admiramos ou amamos, ou a nossos mestres, ou, de modo geral, às pessoas em torno das quais moldamos nossa vida. Também aqueles a quem podemos prejudicar e, ainda assim, ter certeza de um tratamento equitativo. Há, ainda, pessoas contra quem tivemos qualquer queixa, ou quaisquer diferenças anteriormente, tal como Calípo se comportou perante Díon – aqui também parece que quase nenhuma injustiça é cometida. Além disso, aqueles que hão de ser prejudicados por outros, caso falhemos em fazê-lo nós mesmos, visto que aqui sentimos que não temos tempo para deliberar. Assim, então, Enesidemo teria enviado o prêmio cótabus a Gélon, o qual havia acabado de reduzir uma cidade à escravidão, tendo chegado lá primeiro e impedido que ele mesmo o fizesse. Ainda há pessoas que, ao prejudicá-las, tornamo-nos capazes de realizar muitos atos justos; assim, sentimos que podemos, então, facilmente curar o dano causado. Assim, Jasão de Tessália, disse que é um dever cometer alguns atos injustos para poder realizar muitos atos justos.

Dentre os tipos de injustiças cometidas contra outrem estão aquelas que ocorrem universalmente, ou ao menos comumente – espera-se ser perdoado por cometê-las. Bem como aquelas que podem ser facilmente mantidas em segredo, como as que envolvem coisas que podem ser rapidamente consumidas, como comestíveis, ou coisas que podem ser facilmente alteradas em forma, cor ou combinação, ou coisas que podem ser facilmente guardadas em quase qualquer lugar – objetos portáteis que se pode acondicionar em pequenos cantos, ou coisas tão parecidas com outras das quais já se tem muitas que não é possível notar a diferença. Também há injustiças de um tipo em que a vergonha impede a vítima de falar, como afrontas feitas às mulheres de sua casa ou a si mesmo ou a seus filhos. Também aquelas pelas quais considera-se a pessoa obcecada por processos por persegui-las judicialmente – injustiças insignificantes, ou injustiças pelas quais as pessoas geralmente são desculpadas.

Fez-se aqui um relato bastante completo das circunstâncias em que os homens fazem mal aos outros, do tipo de mal que fazem, do tipo de pessoa a quem o fazem e das razões pelas quais o fazem.

13

Façamos, agora, uma classificação completa de ações justas e injustas. Podemos começar observando que estas foram definidas em relação a dois tipos de lei, e também a duas classes de pessoas. Pelos dois tipos de lei, refiro-me à lei particular e à lei universal. Lei particular é aquela que cada comunidade estabelece e aplica a seus próprios membros – estas são apenas parcialmente escritas. Lei universal é a lei da Natureza, pois realmente há, como se pode deduzir em alguma medida, uma justiça e injustiça naturais, que são vinculativas para todos os homens, mesmo aqueles que não têm associação ou aliança entre si.

É a isso que a Antígona, de Sófocles, se refere claramente quando diz que o sepultamento de Polinices foi um ato justo apesar da proibição – ela quer dizer que foi justo por natureza.

Não é de hoje nem de ontem,

Mas da eternidade: não se pode determinar sua origem.

Assim, quando Empédocles ordena que não matemos nenhuma criatura viva, diz que fazer isso não é justo para algumas pessoas e é injusto para outras.

Não, mas uma lei que tudo regula, através dos reinos do céu

Ininterrupta ela se estende, e cobre a imensidão da terra.

Igualmente o diz Alcidamante em seu *Discurso Messeniano*.

As ações que devemos ou não praticar também foram divididas em duas classes: as que afetam toda a comunidade, ou um de seus membros. Desse ponto de vista, podemos realizar atos justos ou injustos de duas maneiras: em relação a uma pessoa definida ou em relação à comunidade. O homem que é culpado de adultério ou agressão está fazendo mal a uma pessoa definida; o homem que evita o serviço militar está fazendo mal à comunidade.

Assim, toda a sorte de ações injustas pode ser dividida em duas classes, aquelas que afetam a comunidade e aquelas que afetam uma ou mais pessoas. Relembremos, em seguida, e antes de prosseguir, o que significa "ser injustiçado". Como já foi estabelecido que "cometer uma injustiça" deve ser intencional, "ser injustiçado" consistirá em ser lesado por uma pessoa que agiu voluntariamente. Para ser injustiçado, um homem deve: *(1)* sofrer dano real, *(2)* sofrê-lo contra sua vontade. As várias formas possíveis de dano são claramente explicadas por nossa discussão anterior acerca do bem e do mal. Também vimos que uma ação voluntária é aquela em que o autor sabe o que está fazendo. Agora, vemos que toda acusação deve referir-se a uma ação que afeta a comunidade ou algum indivíduo. O autor da ação deve compreendê-la e ter intenção de realizá-la, ou não a compreender e ter intenção de realizá-la. No primeiro caso, ele deve estar agindo por escolha deliberada ou por paixão. (A raiva será discutida quando falarmos das paixões; os motivos para o crime e o estado de espírito do criminoso já foram discutidos.) Agora, muitas vezes, um homem admite um ato, mas não admite o rótulo do promotor para o ato nem os fatos que esse rótulo implica. Ele admitirá que pegou uma coisa, mas não que a "roubou"; que bateu em alguém primeiro, mas não que cometeu "ultraje"; que teve relações sexuais com uma mulher, mas não que cometeu "adultério"; que é culpado de roubo, mas não de "sacrilégio", o objeto roubado não sendo consagrado; que ele invadiu, mas não que ele "invadiu terras do Estado"; que ele esteve em comunicação com o inimigo, mas não que foi culpado de "traição". Aqui, portanto, devemos ser capazes de distinguir o que é roubo, ultraje ou adultério do que não é, se quisermos tornar clara a justiça do nosso caso, não importa se nosso objetivo é estabelecer a culpa de um homem ou sua inocência. Onde quer que tais acusações sejam feitas contra um homem, a questão é se ele é ou não culpado de uma infração criminal. É o propósito deliberado que constitui a maldade e a culpa criminal, e nomes como "ultraje" ou "roubo" implicam propósito deliberado, tanto quanto a ação em si. Um golpe nem sempre equivale a um "ultraje", mas apenas se for desferido com algum propósito, como o de insultar o homem atingido ou gratificar o próprio agressor. Tampouco pegar uma coisa sem o conhecimento do dono equivale sempre a "roubo", mas somente se for tomada com a intenção de mantê-la e prejudicar seu dono. O mesmo se aplica às demais acusações.

Vimos que há dois tipos de conduta, certa e errada, em relação aos outros: uma prevista por normas escritas, a outra por aquelas não escritas. Já discutimos o tipo acerca do qual as leis têm algo a dizer. O outro tipo possui duas variedades. Primeiro, há a conduta que surge de bens ou males excepcionais, e é visitada de acordo com censura e perda de honra, ou com elogios e aumento de honra e condecorações; por exemplo, gratidão ou retribuição a nossos benfeitores, prontidão para ajudar nossos amigos e afins. O segundo, compensa os defeitos do código de leis escrito de uma comunidade. Isso é o que chamamos de equidade; as pessoas a consideram justa; é, de fato, o tipo de justiça que vai além da lei escrita. Sua existência é, em parte, tencionada pelos legisladores e, em parte, não; não é intencionada, quando estes não veem defeito na lei; e o é, quando se encontram incapazes de definir as coisas com exatidão, sendo obrigados a legislar como sendo sempre válido aquilo que, na verdade, só é válido corriqueiramente; ou quando não é fácil ser completamente abrangente devido aos infinitos casos possíveis apresentados, como os tipos e tamanhos de armas que podem ser usadas para infligir ferimentos – uma vida inteira seria muito curta para fazer uma lista completa delas. Se, então, uma declaração precisa é impossível e ainda assim a legislação é necessária, a lei deve ser expressa em termos amplos; e, assim, se um homem não tem mais do que um anel em sua mão quando a ergue para golpear ou quando de fato golpeia outro homem, ele será culpado de um ato criminoso de acordo com as palavras não escritas na lei, enquanto ele é, na verdade, inocente, e é a equidade que assim o declara. Com base nessa definição de equidade, fica claro que tipo de ações e de pessoas são equitativas ou o oposto disso. A equidade convém ser aplicada a ações perdoáveis; e deve nos fazer distinguir entre atos criminosos, de um lado, e erros de julgamento, ou infortúnios, de outro. (Um "infortúnio" é um ato, que não se deve à maldade moral, mas tem resultados inesperados; um "erro de julgamento" é um ato que tampouco se deve à maldade moral, mas que produz resultados que poderiam ter sido esperados; um "ato criminoso" tem resultados que poderiam ter sido esperados, mas se deve à maldade moral, pois essa é a fonte de todas as ações inspiradas por nossos apetites.) A equidade nos apela a sermos misericordiosos para com a fraqueza da natureza humana; a pensarmos menos sobre as leis do que sobre o homem que as elaborou, e menos sobre o que ele disse do que sobre o que ele quis dizer; a não considerarmos as ações do acusado tanto quanto suas intenções, nem este ou aquele detalhe tanto quanto a história toda; a perguntarmos, não o que um homem é agora, mas o que ele sempre ou geralmente foi. Ela nos apela a lembrarmos dos benefícios em vez das injúrias, e dos benefícios recebidos em vez dos conferidos; a sermos pacientes quando somos injustiçados; a resolvermos uma disputa por negociação em vez da força; a preferir a arbitragem à moção – pois um árbitro segue a equidade de um caso, um juiz segue estritamente a lei, e a arbitragem foi inventada com o propósito expresso de garantir pleno poder para a equidade.

Isso é suficiente para explicar a natureza da equidade.

14

A pior dentre duas injustiças cometidas contra outrem é a que é motivada pela pior índole. Resulta, desse modo, que os atos mais insignificantes podem ser os piores; como quando Calístrato acusou Melanopo de ter desfalcado os construtores do templo na quantia de três hemióbolos consagrados. O inverso é verdadeiro para os atos justos. Isso ocorre porque o maior está potencialmente contido no menor: não há crime que um homem que roubou três hemióbolos sagrados se esquivaria de cometer. Às vezes, no entanto, o pior ato é considerado, doutro modo, em relação ao tamanho do dano causado. Ou porque nenhuma punição é severa o suficiente para equipará-lo; ou o dano causado pode ser irremediável – um crime difícil quanto ao qual não há esperança de defesa; ou o injustiçado não é capaz de fazer com que seu ofensor seja legalmente punido, o que torna o dano irremediável, uma vez que a punição e o castigo legais são como remédios. Ou, ainda, quem sofreu o mal pode ter infligido alguma punição terrível a si mesmo, sendo necessário que o autor da injustiça receba uma punição ainda mais terrível. Assim, Sófocles, ao pleitear retaliação em nome de Euctêmon, que havia cortado a própria garganta em decorrência do ultraje cometido contra si, disse que não fixaria uma pena menor do que a que vítima havia infligido a si mesma. Novamente, o crime de um homem é tanto pior se ele foi o primeiro, ou o único, ou quase o único homem a cometê-lo; ou quando não é a primeira vez que cometeu uma injustiça tão severa como essa; ou quando seu crime levou à reflexão e à criação de medidas para prevenir e punir crimes semelhantes – assim, em Argos, uma pena é infligida a um homem por conta de quem uma lei foi aprovada, e também àqueles por conta de quem a prisão foi construída; ou quando um crime é especialmente brutal, ou especialmente premeditado; ou se o relato dele desperta mais terror do que compaixão. Há também maneiras retoricamente eficazes de colocar isso, como: que o acusado desrespeitou e quebrou não uma, mas muitas obrigações solenes, como juramentos, promessas, ou direitos de casamento entre estados – o crime é, de tal modo, pior, uma vez que consiste em muitos crimes. Também é pior o crime cometido no próprio lugar onde criminosos são punidos, como no caso de perjúrio – argumenta-se que um homem que comete um crime em um tribunal o cometeria em qualquer lugar. Além disso, o pior ato é aquele que envolve o autor em grande vergonha; ou aquele em que um homem prejudica seus benfeitores, pois ele comete mais de uma injustiça, não apenas causando-lhes mal, mas deixando de fazer-lhes o bem; também aquele que quebra as leis não escritas da justiça – o melhor tipo de homem será justo sem ser forçado a sê-lo, e às leis escritas estamos obrigados, enquanto às não escritas não. Pode-se, contudo, argumentar o contrário: que o crime é pior quando quebra as leis escritas, pois o homem que comete crimes para os quais estão previstas penalidades terríveis não hesitará em cometer crimes para os quais não há penalidade alguma. Demos conta, assim, da comparativa maldade das ações criminosas.

15

Há também os chamados meios "não técnicos" de persuasão, os quais abordaremos, agora, de forma sucinta, uma vez que são especialmente característicos da oratória forense. São cinco: leis, testemunhas, contratos, torturas e juramentos.

Examinemos primeiramente as leis e vejamos como devem ser usadas na persuasão e dissuasão, na acusação e na defesa. Se a lei escrita é contrária ao nosso caso, devemos obviamente apelar para a lei universal e insistir em sua maior equidade e justiça. Devemos argumentar que o juramento do jurado que diz "Darei meu veredito de acordo com minha honesta opinião" significa que não se estará restrito à letra da lei escrita. Devemos insistir que os princípios da equidade são permanentes e imutáveis, e que tampouco se altera a lei universal, visto que é a lei da natureza, enquanto as leis escritas frequentemente são aletradas. Esse é o sentido das palavras, na *Antígona*, de Sófocles, em que Antígona alega que, ao enterrar seu irmão, ela havia infringido a lei de Creonte, mas não a lei não escrita:

Não é de hoje nem de ontem,

Mas da eternidade: (não se pode determinar sua origem.)

Eu não temeria a ira de homem algum

(E enfrentaria a vingança divina) por desafiar a estas.

Discutiremos que a justiça é, de fato, verdadeira e vantajosa, diferentemente da falsa justiça, e que, consequentemente, tampouco o é a lei escrita, pois não cumpre o verdadeiro propósito da lei. Ou que a justiça é como prata, e deve ser avaliada pelos juízes para que o genuíno seja distinguido do falso. Ou que, quanto melhor um homem é, mais ele seguirá e respeitará a lei não escrita em lugar da escrita. Ou talvez que a lei em questão contradiz outra lei altamente estimada, ou seja, contraditória em si mesma. Assim, pode ser que uma lei declare que todos os contratos devem ser considerados vinculativos, enquanto outra nos proíbe de fazer contratos ilegais. Ou, caso uma lei seja ambígua, devemos examiná-la e ponderar qual construção melhor se encaixa nos interesses da justiça ou da utilidade, para, então, seguir essa maneira de encará-la. Ou, quando há uma lei que dispõe sobre uma situação que não mais existe, devemos fazer nosso melhor para provar tal fato e combater tal lei. Se, no entanto, a lei escrita apoia nosso caso, devemos insistir que o juramento de dar "meu veredito de acordo com minha honesta opinião" não implica que os juízes deem um veredito contrário à lei, mas funciona para salvá-los da culpa de perjúrio, caso interpretem mal o real sentido da lei. Ou que ninguém escolhe aquilo que é o bem absoluto, mas sim o que é bom para si mesmo. Ou que não fazer uso das leis significa que estas não são necessárias. Ou que, como nas outras artes, não vale a pena tentar ser mais inteligente do que o médico, pois menos dano advém dos erros do médico do que do hábito crescente de desobedecer à sua autoridade. Ou que tentar ser mais inteligente do que as leis é exatamente o que é proibido pelos melhores códigos de lei. No que diz respeito às leis, essa discussão é provavelmente suficiente.

Quanto às testemunhas, dividem-se em dois tipos: as antigas e as recentes. As últimas compartilham ou não os riscos do julgamento. Por testemunhas "antigas", refiro-me aos poetas e a todas as outras pessoas notáveis cujos julgamentos são conhecidos por todos. Assim, os atenienses apelaram a Homero como testemunha acerca de Salamina; e os homens de Tenedos, não muito tempo atrás, apelaram a Periandro de Corinto em sua disputa com o povo de Sigeum; e Cleofonte apoiou sua acusação de Crítias citando o verso elegíaco de Sólon, sustentando que a disciplina havia sido frouxa na família de Crítias, caso contrário, Sólon jamais teria escrito:

Rogo-te que digas ao ruivo Crítias que faça como seu pai lhe ordena.

Tais testemunhas ocupam-se de eventos passados. Quanto a eventos futuros, também apelaremos aos adivinhos, tal como Temístocles citou o oráculo acerca da "muralha de madeira" como uma razão para atacar a frota inimiga. Além disso, os provérbios são, como dissemos, uma forma de evidência. Assim, se você solicita a alguém que não faça amizade com um velho, você apelará ao provérbio:

Nunca demonstre gentileza a um velho.

Ou, caso esteja argumentando que tendo sido eliminados os pais também os filhos se deveriam eliminar:

Tolo é aquele que mata o pai e deixa seus filhos para vingá-lo.

Testemunhas "recentes" são pessoas de renome que expressaram suas opiniões sobre alguma controvérsia. Tais opiniões servirão de base a litigantes subsequentes sobre os mesmos pontos. Assim, Éubulo usou, nos tribunais, a resposta de Platão a Arquíbio, "Tornou-se o costume neste país admitir que alguém é um canalha". Há também aquelas testemunhas que compartilham o risco de punição caso suas evidências sejam declaradas falsas. Tais testemunhas servem para demonstrar se dada ação ocorreu ou não, se algo sucedeu ou não como se declara; não são, contudo, testemunhas da qualidade de uma ação, se é justa ou injusta, útil ou prejudicial. Em tais questões de qualidade, a opinião de pessoas imparciais é altamente confiável. As mais confiáveis de todas são as testemunhas "antigas", uma vez que não podem ser corrompidas.

Ao lidar com a evidência fornecida por testemunhas, os seguintes argumentos são úteis: se lhe faltam testemunhas, você argumentará que os juízes devem decidir com base no que é provável; que isso significa "dar um veredito de acordo com a opinião honesta de alguém"; que as probabilidades não podem ser corrompidas com vistas a enganar o tribunal; e que as probabilidades nunca são culpadas de perjúrio. Se você tem testemunhas e o outro homem não, você argumentará que as probabilidades não podem ser colocadas em seu julgamento, e que somente poderíamos dispensar a evidência das testemunhas se não precisássemos fazer mais do que equilibrar as alegações apresentadas por cada lado.

As evidências de testemunhas podem direcionar-se a nós ou ao nosso oponente; e podem referir-se tanto ao fato quanto a questões de caráter pessoal. Está claro que nunca nos faltarão evidências úteis, pois, se não temos evidências em relação ao fato para apoiar nosso caso ou contradizer o de nosso oponente, pelo menos sempre podemos encontrar evidências para provar nosso próprio valor ou a falta de valor de nosso oponente. Outros argumentos sobre uma testemunha são: que é amigo, inimigo ou neutro; ou que tem uma reputação boa, ruim ou indiferente, e quaisquer outras distinções desse tipo. Devemos construir nosso argumento sobre as mesmas linhas gerais que usamos para as provas retóricas regulares.

Em relação aos contratos, o argumento pode ser empregado, até certo ponto, para aumentar ou diminuir sua importância e credibilidade. Tentaremos aumentá-la quando nos forem favoráveis, e diminuí-la quando forem favoráveis ao oponente. Agora, para confirmar ou questionar a credibilidade dos contratos, deve-se proceder como se faz com as testemunhas, pois o crédito a ser atribuído aos contratos depende do caráter daqueles que os assinaram ou que deles detém a custódia. Uma vez que o contrato seja genuíno, devemos insistir em sua importância, caso este nos favoreça. Pode-se argumentar que um contrato é uma lei, embora de um tipo especial e limitado; e que, embora os contratos não tornem a lei vinculativa, a lei torna qualquer contrato legal vinculativo. A lei, como um todo, é em si um contrato, de modo que quem quer que desconsidere ou invalide um contrato estará invalidando a própria lei. Além disso, a maioria das relações comerciais – as voluntárias, em particular – são reguladas por contratos, e se estes perdem sua força vinculativa, a relação comercial humana acaba suspensa. Não é necessário aprofundar-se muito para descobrir os outros argumentos apropriados a essa questão. Se, no entanto, o contrato nos é prejudicial e vantajoso a nossos oponentes, deveremos fazer uso dos mesmos argumentos que usamos contra uma lei que nos é contrária. Não nos consideramos obrigados a observar uma má lei que foi aprovada erroneamente; do mesmo modo, é ridículo supor que sejamos obrigados a acatar um contrato ruim e equivocado. Pode-se argumentar, ademais, que o dever do juiz, enquanto árbitro, é decidir sobre aquilo que é justo e que, para isso, deve se perguntar onde está a justiça, e não o que significa este ou aquele documento. Argumentaremos, ainda, que é impossível perverter a justiça, seja por fraude ou força, haja vista que ela se fundamenta na natureza, enquanto, por outro lado, uma parte de um contrato pode ser vítima de fraude ou força. Além disso, devemos avaliar se o contrato em questão contraria a lei universal ou qualquer lei escrita do nosso próprio país ou de outro; e também se contradiz qualquer outro contrato anterior ou subsequente, argumentando que o subsequente é o contrato vinculativo, ou então que o anterior estava correto enquanto o subsequente é fraudulento – como melhor nos convier. Além disso, devemos considerar a questão da utilidade, observando se o contrato é contrário ao interesse dos juízes ou não; e assim por diante – esses argumentos são tão óbvios quanto os outros.

A investigação por meio de tortura é uma forma de evidência à qual se atribui grande peso, visto que é, em certo sentido, compulsória. Aqui, novamente, não será difícil apontar os fundamentos disponíveis para ampliar seu valor, quando nos favorecer, sob o argumento de que é a única forma de evidência infalível; ou, por outro lado, para refutá-la, quando nos for contrária e favorável ao nosso oponente, cabendo aqui apontar que uma verdade sobre todos os tipos de tortura é que as pessoas sob sua ação contam mentiras com a mesma frequência que contam a verdade, por vezes se recusando persistentemente a dizer a verdade, por outras imprudentemente fazendo uma acusação falsa para serem liberadas mais rapidamente. Devemos ser capazes de citar casos, conhecidos dos juízes, nos quais esse tipo de coisa de fato aconteceu. [Devemos apontar que as evidências dadas sob tortura não são confiáveis, uma vez que muitos homens, seja por serem tolos, durões ou corajosos, suportam tal provação nobremente, enquanto os covardes e os tímidos só são ousados até verem a provação desses outros – de modo que nenhuma confiança pode ser depositada em evidências dadas sob tortura.][2]

Pode-se dividir em quatro os tipos de juramento. Um homem pode prestar e aceitar um juramento, ou nenhuma das duas coisas, ou uma mas não a outra – isto é, ele pode prestar juramento mas não aceitá-lo de outrem, ou aceitar um juramento mas não prestar um. Há, ainda, o tipo de situação que decorre quando um juramento já foi prestado, seja pelo indivíduo ou seu oponente.

Se você recusa o juramento de seu oponente[3], pode argumentar que os homens não hesitam em perjurar; e que se seu oponente jurar, você perde seu dinheiro, enquanto, se ele não o fizer, é provável que os juízes decidam contra ele; e que o risco de um veredito desfavorável é preferível, já que você confia nos juízes e não em seu oponente.

Se você se recusa a prestar juramento[4], pode argumentar que um juramento tem sempre um custo; que você certamente o aceitaria se fosse um canalha, pois, assim, melhor seria tirar proveito disso, e jurar para obter sucesso nesse caso. Assim, sua recusa, você argumenta, deve-se a um alto princípio, não ao medo de perjúrio – e pode-se citar apropriadamente o ditado de Xenófanes:

Não é justo que aquele que não teme a Deus desafie aquele que o faz. É como se um homem forte desafiasse um fraco para uma luta.

Caso concorde em prestar juramento, pode argumentar que confia em si mesmo, mas não em seu oponente; e que (invertendo as palavras de Xenófanes) justo seria que o homem ímpio aceitasse o juramento feito pelo piedoso; e que seria monstruoso se você mesmo não estivesse disposto jurar em um caso em que espera que os juízes o façam antes de dar seu veredito. Se deseja aceitar um juramento, pode argumentar que

(2) N.T.: Este trecho parece ter sido introduzido pelo tradutor da versão em inglês.

(3) N.T.: Na versão em inglês temos, aqui, "refuse to offer an oath", ou seja, "recusar-se a prestar um juramento". Entretanto, o conteúdo restante do parágrafo bem como outras versões do texto aristotélico deixam claro que se está falando do contrário, isto é, da situação em que se recusa o juramento do oponente. Assim, optou-se, aqui, por seguir o teor do parágrafo, em vez da versão inglesa do texto *ípsis literis*.

(4) N.T.: Novamente, ocorre uma inversão na versão de W. Rhys Roberts. Ali, temos "refuse to accept an oath" ("recusar-se a aceitar um juramento"), o que contradiz o teor do parágrafo e outras traduções do texto original.

a piedade o dispõe a entregar a questão aos deuses; e que seu oponente não deve buscar outros juízes além de si próprio, visto que a decisão está em suas mãos; e que seria ultrajante seus oponentes se recusarem a jurar, quando eles insistem que outros devem fazê-lo[5].

Tendo visto como argumentar em cada caso separadamente, também compreendemos como argumentar quando ocorrem em pares, a saber, quando você está disposto a aceitar o juramento, mas não a oferecê-lo; a oferecê-lo, mas não o aceitar; tanto aceitá-lo quanto oferecê-lo; ou não fazer nenhum dos dois. Essas são, é claro, combinações dos casos já mencionados, assim, seus argumentos deverão, igualmente, ser combinações dos argumentos já mencionados.

Caso anteriormente você tenha prestado um juramento que contradiz o atual, deve argumentar que não está incorrendo em perjúrio, visto que perjúrio é um crime, e um crime deve ser uma ação voluntária, enquanto ações decorrentes da força ou da fraude cometida por outros são involuntárias. Dessa forma, deve alegar, ainda, que o perjúrio reside na intenção e não nas palavras proferidas. Contudo, se foi seu oponente quem prestou um juramento anterior que contradiga o atual, você deve apontar que ao não cumprir os juramentos feitos, coloca-se como inimigo da sociedade, e que esta é a razão que leva os homens a prestar juramento antes de se administrar as leis. “Meus oponentes insistem que vocês, os juízes, devem cumprir o juramento que fizeram, sendo que eles não cumprem os próprios juramentos.” Há, ainda, outros argumentos que podem ser usados para ampliar a importância do juramento. (O que expusemos quanto aos modos “não técnicos” de persuasão bastarão.)

(5) N.T.: Há, novamente, certa confusão entre "offer an oath" e "accept an oath"; portanto, optou-se aqui por recorrer a outras traduções para auxiliar a clareza deste parágrafo.

Livro II

1

Consideramos, até aqui, os materiais a serem usados para apoiar ou se opor a uma medida política, para articular elogios ou censuras, e para acusação e defesa em tribunais. Discorremos acerca das opiniões que melhor nos servem para embasar nossos argumentos, de modo a convencer nossos ouvintes – aquelas opiniões com as quais lidam os nossos entimemas e a partir das quais são construídos, em cada um dos três tipos de oratória, de acordo com o que se pode chamar de necessidades especiais de cada um deles.

Entretanto, levando em consideração que é função da retórica afetar a tomada de decisões – os ouvintes se decidem entre um orador político e outro e um veredito legal é também uma decisão –, o orador não deve apenas tornar o argumento de seu discurso convincente e digno de crença; deve também cuidar que seu próprio caráter pareça correto e que coloque seus ouvintes, aqueles que hão de decidir sobre seu discurso, no estado de espírito propício. Particularmente na oratória política, mas também em processos judiciais, acresce muito à influência de um orador que seu caráter pareça correto e que seus ouvintes sintam que ele nutre os sentimentos corretos em relação a estes; e que também eles próprios se encontrem no estado de espírito correto. É particularmente importante no discurso político que o caráter do orador pareça correto para que o público esteja no estado de espírito propício durante processos judiciais. Quando as pessoas se sentem amigáveis e calmas, pensam em certo tipo de coisa; quando se sentem raivosas ou hostis, pensam em algo totalmente diferente, ou na mesma coisa, porém com uma intensidade diferente. Quando se sentem amigáveis em relação ao homem que comparece diante de si para julgamento, consideram que cometeu pouca injustiça, se é que cometeu alguma; quando se sentem hostis, têm a visão oposta. Da mesma forma, se estão ansiosas e esperam por um resultado agradável, imaginam que tal certamente se dará e que será bom para elas; enquanto, se são indiferentes ou se sentem aborrecidas, não pensarão dessa forma.

Há três coisas que inspiram confiança no caráter do orador e que nos induzem a acreditar em algo independentemente de provas: discernimento, retidão moral e boa vontade. As falsas declarações e maus conselhos devem-se a uma ou mais das três causas a seguir. Os homens formam uma opinião falsa por falta de discernimento; ou formam uma opinião verdadeira, porém por imoralidade não dizem o que realmente pensam; ou, finalmente, são sensatos e corretos, mas não benevolentes para com seus ouvintes, consequentemente falhando em apontar aquele que sabem ser o melhor caminho. Esses são os únicos casos possíveis. Segue-se daí que aquele que possua todas essas três boas qualidades inspirará a confiança de sua audiência. Os meios para nos apresentarmos como sensatos e moralmente bons devem ser retirados da análise da bondade, já aqui discutida – estabelece-se sua própria bondade da mesma maneira que se estabelece a de outrem. Boa vontade e afabilidade farão parte de nossa discussão sobre as emoções, a qual abordaremos a seguir.

Emoções são todos aqueles sentimentos que mudam os homens a ponto de afetar seu juízo e que também são acompanhados de dor ou prazer. A raiva, a compaixão, o medo e afins, bem como seus opostos. Organizaremos o que temos a dizer sobre cada uma delas com base em três pontos. Tomemos, por exemplo, a raiva. Devemos descobrir: *(1)* qual é o estado de espírito das pessoas encolerizadas, *(2)* contra que tipo de pessoas sua raiva se dirige e *(3)* quais motivos despertam sua raiva. Não basta conhecer um ou mesmo dois desses pontos; se não conhecermos os três, seremos incapazes de excitar a raiva em quem quer que seja. O mesmo é verdade para as outras emoções. Assim como antes, neste trabalho, elaboramos uma lista de proposições úteis para o orador, procederemos da mesma forma para analisar esse assunto.

2

A raiva pode ser definida como um impulso, acompanhado de dor, por nos vingarmos abertamente por uma ofensa injustificada que tenha sido abertamente dirigida a nós ou aos nossos. Sendo essa uma definição adequada de raiva, ela será sempre sentida em relação a um indivíduo em particular, por exemplo, contra Cléon, e não contra os "homens" como um todo. Será sentida porque o outro fez ou pretendia fazer algo contra si ou um dos seus. Deverá ser sempre acompanhada de certo prazer – aquele que surge da expectativa de vingança – pois, dado que ninguém deseja o que lhe parece impossível, o homem enraivecido deseja algo que lhe parece possível, e a crença de atingir seu objetivo é agradável. Por isso, foi bem dito que a raiva

É muito mais doce do que o favo de mel gotejante.

E pelos corações dos homens se espalha.

Ela também é acompanhada de certo prazer porque os pensamentos se concentram no ato de vingança, e, desse modo, as imagens evocadas causam prazer, como as imagens evocadas nos sonhos.

O desdém, por sua vez, é a opinião ativamente assumida quanto à evidente desimportância de algo. Atribuímos real importância tanto às coisas ruins quanto às boas; e pensamos o mesmo do que quer que tenda a produzir tais efeitos, enquanto consideramos sem importância aquilo que tem pouca ou nenhuma tendência a tal. Há três tipos de desdém: desprezo, animosidade e insolência. *(1)* Desprezo é um tipo de desdém; despreza-se aquilo que se considera desimportante, ou seja, justamente o que se desdenha. *(2)* A animosidade é outro tipo de desdém; tem a ver com frustrar os desejos de outrem, não para obter algo para si, mas somente para impedir que ele o obtenha. O desdém surge do simples fato de que não se visa algo para si; igualmente, não se teme que o outro possa lhe causar mal, pois, nesse caso, o desdém do outro sobre si seria temido, tampouco se acredita que ele possa lhe fazer algum bem que valha a pena mencionar, do contrário, sua amizade seria ansiada. *(3)* A insolência, por sua vez, é também uma forma de desdém, já que consiste em fazer e dizer coisas que causem vergonha à vítima, não para que algo aconteça a si, ou porque algo tenha acontecido, mas simplesmente pelo prazer envolvido. (A retaliação não é "insolência", mas vingança.) A causa do prazer assim desfrutado pelo insolente é que ele se considera muito superior aos que maltrata. É por esse motivo que os jovens e os homens ricos são insolentes; eles se apresentam como superiores, ao demonstrar insolência. Uma forma de insolência consiste em roubar as pessoas da honra que lhes é devida – de tal modo, você as desdenha claramente – afinal não se honra aquilo que não é importante, seja bom ou mal. Assim, diz Aquiles colérico:

Ele tomou para si meu prêmio e me desonrou.

E:

Tal como um estrangeiro ao qual ninguém honra.

O que demonstra o motivo de sua raiva. Um homem espera ser respeitado, em especial, por seus inferiores em nascimento, em capacidade, em bondade e, de modo geral, em qualquer coisa em que o primeiro seja muito superior. Quando se trata de dinheiro, por exemplo, um homem rico busca o respeito de um homem pobre; quando se trata de eloquência, o homem com uma queda pela oratória busca o respeito daquele que não pode expressar-se bem; o governante exige o respeito do governado, tal como aquele que pensa que deveria ser um governante exige o respeito de quem que ele pensa que deveria governar. Por isso foi dito:

Grande é a ira dos reis, cujo pai é Zeus todo-poderoso;

e

Entretanto seu rancor permanece ainda após muito tempo.

Sendo seu grande ressentimento devido à sua grande superioridade. Então, como dissemos, um homem busca respeito daqueles que acredita que lhe devem bom tratamento, e a essas pessoas tratou ou está tratando bem, ou pretende ou pretendeu tratar bem, seja por seu próprio ofício, ou por meio de seus amigos, ou por meio de outros agindo em seu nome.

Fica claro, com o que foi dito, *(1)* em que estado de espírito, *(2)* contra quem e *(3)* por qual razão as pessoas sentem raiva. *(1)* O estado de espírito é aquele em que há sensação de dor. Em tal condição, um homem sempre visa a algo. Assim, quer outro homem se oponha a ele de forma direta, tal como impedindo-o de beber quando tem sede, ou indireta, o ato lhe parecerá exatamente o mesmo. Quer alguém se interponha contra ele, ou deixe de colaborar com ele, ou, por qualquer forma, o aborreça enquanto está nesse estado de espírito, sua raiva será igual em todos os casos. Sendo assim, todos aqueles que são afligidos por doença, ou pobreza, ou amor, ou sede, ou quaisquer outros desejos insatisfeitos são propensos à raiva e facilmente levados a ela – especialmente contra aqueles que desdenham de sua angústia. Assim, um homem doente fica irritado pelo desrespeito à sua doença, um pobre pelo desrespeito à sua pobreza, um guerreiro pelo desrespeito à guerra que está travando, um amante pelo desrespeito ao seu amor, e assim por diante, bastando qualquer outro tipo de desdém quando faltarem desdéns de um tipo particular. Cada homem está predisposto pela emoção que agora o controla, à sua própria raiva particular. Ademais, sentimo-nos irritados quando suscita qualquer resultado contrário ao esperado – posto que um mal completamente inesperado é especialmente doloroso, tanto quanto a realização completamente inesperada de nossos desejos é especialmente prazerosa. Está claro, assim, quais estações, momentos, condições e períodos da vida tendem a incitar os homens efetivamente à raiva, bem como onde e quando isso acontecerá; como também é claro que, quanto mais nos enquadrarmos nessas condições, mais facilmente seremos perturbados.

Esses são os estados de espírito nos quais somos mais facilmente levados à raiva. As pessoas contra quem nos encolerizamos são aquelas que riem, zombam ou debocham de nós, uma vez que tal conduta é insolente. Há aqueles que nos infligem injúrias que denotam insolência. Essas injúrias devem ser tais que não sejam retaliatórias nem lucrativas aos que as cometem, pois somente então serão recebidas como insolência. Há também aqueles que falam mal de nós e nos demonstram desprezo em relação às coisas com as quais mais nos importamos. Assim, aqueles que anseiam tornar-se filósofos se enraivecem com quem despreza sua filosofia; os que se orgulham de sua aparência se enraivecem com quem despreza sua aparência, e assim por diante. Sentimo-nos particularmente irritados quando suspeitamos que de fato somos, ou que as pessoas acreditam sermos, deficientes, completamente ou em qualquer medida, nas qualidades em questão. Mas quando estamos convencidos de que nos destacamos nas qualidades pelas quais somos ridicularizados, podemos ignorar a zombaria. Além disso, ficamos mais irritados com nossos amigos do que com outras pessoas, pois sentimos que nossos amigos devem nos tratar bem e não mal. Sentimos raiva daqueles que geralmente nos tratavam com honra ou consideração se seu comportamento para conosco se altera, pois imaginamos que nos desprezam, do contrário ainda se comportariam como antes. Também com aqueles que não retribuem nossas gentilezas, ou que não o fazem adequadamente, e quando alguém inferior se opõe a nós, pois todas essas pessoas parecem desprezar-nos; aqueles que se opõem a nós parecem nos considerar inferiores a si, e aqueles que não retribuem nossas gentilezas parecem considerar que estas foram conferidas por criaturas inferiores. Sentimo-nos particularmente zangados quando somos desprezados por homens sem qualquer importância, pois a raiva que advém do desprezo é sentida em relação àqueles que não têm justificativa para nos desprezar, como no caso dos que nos são inferiores. Novamente, nos enraivecemos com amigos se eles não falam bem de nós ou não nos tratam bem e mais ainda se fazem o contrário, ou se não percebem nossas necessidades, razão pela qual Pléxipo se ira com Meléagro, em *Antífona*; pois tal falta de percepção demonstra desdém – não deixamos de perceber as necessidades daqueles com quem nos importamos. Ficamos, ainda, irritados com aqueles que se alegram com nossos infortúnios ou simplesmente se mantêm alegres em meio a eles, o que significa que eles nos odeiam ou nos desdenham. Também com aqueles que são indiferentes à dor que nos causam. Essa é a razão de nos encolerizarmos com portadores de más notícias. E com aqueles que dão ouvidos a histórias a nosso respeito ou que insistem em olhar para nossas fraquezas – parecem, com isso, nos menosprezar ou nos odiar, pois quem nos ama compartilha todas as nossas aflições e é angustiante para qualquer um continuar olhando para as próprias fraquezas. Além disso, sentimos raiva de quem nos desdenha perante as cinco classes de pessoas a seguir: *(1)* nossos rivais, *(2)* aqueles que admiramos, *(3)* os que desejamos que nos admirem, *(4)* aqueles que reverenciamos, *(5)* os que nos reverenciam. Ficamos particularmente irritados quando somos desdenhados diante de tais pessoas. Irritamo-nos também com quem mostra desdém por aquilo que, como homens honrados, somos obrigados a defender – pais, filhos, esposas ou súditos. E com aqueles que não retribuem um favor, já que tal desdém é injustificável. Também com aqueles que reagem com humor leviano quando estamos falando com seriedade, uma vez que tal comportamento indica desprezo. Ainda com aqueles que nos tratam menos bem do que tratam os demais – é outra marca de desprezo que indica que não nos consideram merecedores do mesmo zelo que os demais. O esquecimento também causa raiva, como quando nosso próprio nome é esquecido, por mais insignificante que isso possa ser, haja vista que o esquecimento é sentido como sinal de que estamos sendo desdenhados. Isso ocorre por negligência, e negligenciar-nos é desdenhar-nos.

As pessoas de quem sentimos raiva, o estado de espírito em que a sentimos e as razões pelas quais a sentimos, tudo isso foi exposto. É evidente, portanto, que o orador terá de falar de modo a levar seus ouvintes a um estado de espírito que os disporá à raiva e representar seus adversários como acusados de possuir qualidades que levam as pessoas a ela.

3

Dado que se acalmar é o oposto de irritar-se, e que calma é o oposto de raiva, verifiquemos em que estados de espírito os homens se mantêm calmos em relação a quem eles se sentem calmos, e por quais meios o fazem. Acalmar-se pode ser definido como uma aquietação ou um apaziguamento da raiva. Agora, temos raiva de quem nos desdenha; e como desdenhar é um ato voluntário, por conseguinte nos sentimos calmos em relação a quem não age dessa forma, ou a quem o faz ou parece fazê-lo involuntariamente. Também em relação àqueles que pretendiam fazer o oposto do que fizeram. Ou em relação àqueles que tratam a si do mesmo modo que a nós, já que ninguém desdenha de si mesmo. Também em relação aos que admitem sua culpa e mostram-se arrependidos, pois recebemos sua tristeza pelo que fizeram com satisfação, e deixamos de sentir raiva. Isso nos mostra a punição de servos: aqueles que nos contradizem e negam sua ofensa punimos ainda mais, mas deixamos de ficar indignados contra os que concordam com a punição. A razão para isso é que é inescrupuloso negar aquilo que é óbvio, e aqueles que agem inescrupulosamente para conosco nos desdenham e desprezam – seja como for, não temos qualquer escrúpulo em relação a quem desdenhamos inteiramente. Também nos sentimos calmos em relação àqueles que se humilham perante nós e que não nos contradizem. Sentimos que, ao fazê-lo, admitem ser inferiores a nós, e os inferiores temem, e ninguém pode desdenhar de quem teme. Nossa raiva cessa em relação àqueles que se humilham diante de nós, e isso pode ser demonstrado até mesmo pelos cães, afinal eles não mordem as pessoas que se sentam diante deles. Também nos sentimos calmos em relação aos que se mostram sérios quando falamos seriamente, porque nos sentimos tratados com seriedade em vez de desprezo. Também em relação àqueles que nos fizeram mais gentilezas do que nós a eles. Ou em relação aos que nos rogam e imploram por misericórdia, pois se humilham ao fazê-lo. O mesmo se dá em relação àqueles que não insultam, zombam ou desdenham absolutamente ninguém, ou nenhuma pessoa digna, ou ninguém que seja como nós. Em geral, as coisas que nos acalmam podem ser inferidas ao observar os opostos daquelas que nos levam à raiva. Não sentimos raiva de pessoas que tememos ou respeitamos enquanto nos sentirmos de tal modo em relação a elas. Não se pode temer alguém e, ao mesmo tempo, nutrir-lhe raiva. Do mesmo modo, não temos raiva alguma, ou temos pouca, de quem agiu por raiva. Não sentimos que o fizeram por um desejo de desdenhar-nos, pois não desdenhamos as pessoas por quem sentimos raiva, uma vez que o desdém é indolor e a raiva é dolorosa. Tampouco ficamos com raiva dos que nos reverenciam.

Quanto ao estado de espírito que acalma as pessoas, este claramente é o oposto daquele que lhes incita raiva, como quando estão se divertindo, rindo ou festejando; quando se sentem prósperas, bem-sucedidas ou satisfeitas; quando, enfim, estão desfrutando de estados indolores, ou de prazer inofensivo, ou de esperança justificável. Além disso, quando se passou algum tempo e sua raiva não é mais recente, porque o tempo põe fim à raiva. Também a vingança tomada anteriormente contra alguém põe fim a uma raiva ainda maior sentida contra outrem. Portanto, Filócrates, sendo questionado, em um momento em que sua audiência estava com raiva dele, "Por que não se defende?", fez bem em responder: "Ainda não é a hora."; "Quando será a hora?"; "Quando outra pessoa for caluniada.". Os homens se acalmam quando esgotam sua raiva por outra pessoa. Foi o que aconteceu com Ergófilo: embora o povo estivesse mais irritado contra ele do que contra Calístenes, eles o absolveram porque haviam condenado Calístenes à morte no dia anterior. Além do mais, os homens se acalmam se condenam o ofensor, ou, se este já sofreu coisas piores do que eles no auge da raiva, visto que assim sentem como se já estivessem vingados. Ou, ainda, se sentem que eles próprios estão errados e sofrendo justamente (pois a raiva não é excitada pelo que é justo), uma vez que os homens não pensam que estão sofrendo sem justificativa – e esta é, como vimos, a definição da raiva. Assim, devemos infligir uma punição preliminar em forma de reprimenda; com isso, até mesmo os escravos sentem-se menos afligidos pela punição em si. Também nos sentimos calmos quando acreditamos que o ofensor não saberá que é punido por nossa causa e pela maneira como nos tratou, pois a raiva tem a ver com o indivíduo. Sua definição é clara quanto a isso. Portanto, escreveu bem o poeta:

Diga que foi Odisseu, saqueador de cidades,

implicando que Odisseu não se consideraria vingado a menos que Ciclope soubesse por quem e por que havia sido cegado. Consequentemente, não temos raiva de quem não possa estar ciente dela e, em particular, cessamos de senti-la pelos que morrem, visto que sentimos que o pior se passou a eles e que já não sentirão dor ou qualquer outra coisa que, em nossa raiva, pretendêssemos que sentissem. E, portanto, o poeta bem descreve a fala de Apolo para pôr fim à raiva de Aquiles contra Heitor, já morto:

Pois ei-lo a despejar sua fúria contra o barro insensível.

Está claro, assim, que quando se deseja acalmar a outrem, deve-se recorrer a tais linhas de argumentação. Deve-se excitar nos ouvintes o estado de espírito correspondente e representar aqueles contra quem nutrem raiva como formidáveis, ou dignos de reverência, ou benfeitores, ou agentes involuntários, ou muito angustiados com aquilo que fizeram.

4

Voltemo-nos, agora, para a Amizade e a Inimizade, e examinemos por quem esses sentimentos são nutridos e por quê. Começaremos definindo o sentimento amigável. Podemos descrever o sentimento amigável em relação a outrem como lhe desejar o que se acredita serem coisas boas, não para o próprio bem, mas para o dele, e estar inclinado, até onde for possível, a promovê-las. Um amigo é aquele que sente desse modo e que, em troca, inspira esses mesmos sentimentos. Aqueles que consideram tais sentimentos mútuos, julgam-se amigos. Isto posto, segue-se que seu amigo é o tipo de pessoa que compartilha seu prazer pelo que é bom e sua dor pelo que é desagradável, exclusivamente pelo seu bem. Seu prazer e dor serão o símbolo de seus bons desejos para consigo, já que todos nos sentimos felizes em obter o que desejamos e tristes em obter o oposto disso. São, desse modo, amigos aqueles que têm a mesma noção do bem e do mal; e aqueles que são, além disso, amigáveis ou hostis às mesmas pessoas, porque, nesse caso, compartilham os mesmos desejos, e, assim, por desejar um ao outro aquilo que desejam para si, mostram-se amigos mútuos. Novamente, nos sentimos amigáveis em relação aos que trataram bem a nós próprios, ou aos nossos, seja em grande escala, ou prontamente, ou em alguma crise particular; desde que tenha sido para o nosso bem. Assim também é com aqueles que acreditamos que desejam nos tratar bem. Ademais, com os amigos dos nossos amigos, e com aqueles de quem eles gostam, ou que são apreciados por aqueles de quem gostamos. O mesmo ocorre com aqueles que são inimigos de nossos inimigos, e dos que não gostam, ou que desagradam àqueles de quem não gostamos. Todas essas pessoas consideram boas as mesmas coisas que nós, de modo que desejam o que é bom para nós; e isso, como vimos, é o que os amigos devem fazer. Também é assim com aqueles que estão dispostos a nos tratar bem em situações que envolvem dinheiro ou nossa segurança pessoal. Assim, portanto, valorizamos aqueles que são liberais, corajosos ou justos. Por justos consideramos os que não vivem dos outros, ou seja, os que trabalham pelo seu sustento, especialmente fazendeiros e os que realizam trabalhos manuais. Também gostamos de homens temperantes, pois estes não são injustos com outros; e, pela mesma razão, aqueles que cuidam de seus próprios negócios. Assim também é com aqueles de quem desejamos nos tornar amigos, caso esteja claro que desejam ser nossos amigos; tais são os moralmente bons, bem como aqueles tidos em alta conta, ou pelos melhores homens, ou por aqueles que admiramos ou que nos admiram. Assim como aqueles ao lado de quem é agradável viver e passar nossos dias; tais são os bem-humorados, os que não estão tão propensos a sempre nos apontar os erros e os que não são rabugentos ou briguentos – pois estes estão sempre querendo lutar contra nós, e sentimos que pessoas assim desejam o oposto daquilo que desejamos para nós mesmos Há ainda aqueles que têm tato ao fazer e receber um gracejo; aqui, ambas as partes têm o mesmo objetivo em vista, quando podem suportar brincadeiras, bem como produzi-las adequadamente. Também nos sentimos amigáveis com aqueles que elogiam nossas qualidades e, especialmente, as que não estamos muito certos de que possuímos. Além disso, com aqueles que são refinados em aparência, modo de vestir e de se portar. E com aqueles que não nos repreendem nem pelas faltas que lhes cometemos nem pela ajuda que nos ofereceram, pois ambas denotam uma tendência a nos criticar. Do mesmo modo, com aqueles que não guardam rancores nem acumulam queixas, mas estão sempre prontos para retomar amizades, porque entendemos que se comportarão para conosco da forma que se comportam com os demais. Também com os que não são maledicentes e que não se fazem cientes das faltas nem de seus vizinhos nem nossas, voltando-se apenas às nossas qualidades, como é do feitio de um homem bom. Ainda, com os que não tentam nos frustrar se estamos com raiva ou quando falamos seriamente, visto que tal implicaria que estão prontos para lutar contra nós. E com aqueles que nutrem sentimentos sérios em relação a nós, como admiração, ou crença em nossa virtude, ou prazer em nossa companhia; especialmente se eles se sentem assim quanto às qualidades pelas quais desejamos ser especialmente admirados, estimados ou apreciados. Além disso, com os que se assemelham a nós em caráter e ocupação, desde que não criem obstáculos ou retirem o sustento da mesma fonte que nós – pois este seria um caso de "oleiro contra oleiro":

O oleiro inveja do oleiro e o construtor inveja do construtor suas recompensas.

Ainda, com aqueles que desejam o mesmo que nós, quando isso seja possível de se compartilhar; caso contrário, o mesmo problema surge aqui. Com as pessoas diante das quais não nos envergonhamos ao incorrer em um erro, ainda que respeitemos suas opiniões, bem como aqueles diante dos quais teríamos vergonha de errar seriamente. Além disso, nossos rivais e aqueles que gostaríamos que nos invejassem – embora não de forma negativa –, porque, ou gostamos dessas pessoas, ou ao menos desejamos que gostem de nós. E nos sentimos amigáveis com aqueles para o bem dos quais colaboramos, desde que isso não acarrete grande sofrimento a nós. Ainda com os que se sentem tão amigáveis para conosco quando não estamos com eles quanto quando estamos – é por esse motivo que todos os homens se sentem amigáveis para com aqueles que são fiéis aos seus amigos mortos. E, de modo geral, com aqueles que realmente estimam seus amigos e não os abandonam nas dificuldades; de todos os homens bons, nos sentimos mais amigáveis em relação aos que se mostram bons amigos. Também com aqueles que são francos conosco, incluindo os que nos contam seus pontos fracos – acabamos de dizer que, ante nossos amigos, não nos envergonhamos de erros comuns, e, caso haja vergonha, então não os amamos; se, no entanto, não há vergonha, parece que os amamos. Também gostamos daqueles de quem não nos sentimos amedrontados ou desconfortáveis – ninguém pode gostar de um homem de quem se sente amedrontado. A amizade assume diversas formas: camaradagem, intimidade, parentesco, e assim por diante.

O que produz amizade é praticar gentilezas; fazê-lo sem que sejam solicitadas; e não as anunciar, o que indicaria que foram feitas para nosso próprio bem e não por outro motivo.

Inimizade e ódio claramente podem ser estudados em relação aos seus opostos. A inimizade pode ser produzida por raiva, animosidade ou calúnia. Contudo, enquanto a raiva surge de ofensas direcionadas contra um indivíduo, a inimizade pode surgir mesmo sem isso; é possível odiar as pessoas simplesmente pelo caráter que a ela atribuímos. A raiva está sempre relacionada ao individual – um Cálias ou um Sócrates – enquanto o ódio é direcionado também contra classes: todos odiamos qualquer ladrão e qualquer delator. Além disso, a raiva pode ser curada pelo tempo; mas o ódio não. Um visa provocar dor ao seu objeto, o outro, fazer-lhe o mal; o homem enraivecido quer que suas vítimas sintam; quem odeia não se importa se sentem ou não. Todos os pesares são sentidos; entretanto, os maiores males, a injustiça e a loucura, são os menos sentidos, pois sua presença não provoca dor. A raiva é acompanhada de dor, o ódio não; o homem enraivecido sente dor, mas aquele que odeia, não sente. Diversas coisas podem fazer com que o homem raivoso se compadeça daqueles que o ofendem, mas quem nutre ódio sob nenhuma circunstância deseja compadecer-se de um homem que já odiou – um deseja que os ofensores sofram pelo que fizeram; o outro quer que eles deixem de existir.

Com isso, se pode provar se as pessoas são amigas ou inimigas; caso não sejam, é possível fazer parecer que são; caso aleguem ser, pode-se refutar sua alegação; e, quando houver debate quanto a uma ação ser devido à raiva ou ao ódio, pode-se atribuí-la a qualquer um desses.

5

Para tratar do Medo, mostraremos a seguir coisas e pessoas que nos causam medo e os estados de espírito nos quais o sentimos. O medo pode ser definido como dor ou perturbação decorrentes da imaginação de um mal futuro destrutivo ou doloroso. E apenas de males destrutivos ou dolorosos, pois certos males, como a perversidade ou a estupidez, não nos causam temor; assim, refiro-me somente aos que causam grandes dores ou perdas. E, mesmo esses, apenas quando não parecem remotos, mas tão próximos a ponto de serem iminentes; não tememos o que é muito distante – por exemplo, todos sabemos que vamos morrer, mas não somos incomodados por isso, pois a morte não está próxima. Segue-se daí que o medo é ocasionado por tudo quanto sentimos que tem grande potencial para nos destruir ou prejudicar de forma a nos causar grande dor. Portanto, os simples sinais de tais coisas são terríveis, posto que nos fazem sentir como se a própria coisa terrível estivesse próxima; a proximidade do terrível é exatamente o que chamamos de "perigo". Tais sinais estão na inimizade e na raiva de pessoas que têm poder para fazer algo contra nós, pois é claro que têm vontade de fazê-lo, e, então, estão prestes a fazê-lo. Também a injustiça quando tem poder, porque é a vontade do homem injusto de fazer o mal que o torna injusto. Assim como a virtude ultrajada quando tem poder, pois é claro que, quando ultrajada, sempre busca retaliação, e agora ela tem o poder para tanto. O medo é sentido também por aqueles que têm o poder de nos fazer algo, porque essas pessoas certamente estarão prontas para fazê-lo. E, uma vez que a maioria dos homens tende a ser mau – escravos da ganância e covardes diante do perigo –, é, via de regra, terrível ver-se à mercê de outrem; e, portanto, se praticamos algum ato horrível, os que guardam tal segredo nos aterrorizam com o pensamento de que podem nos trair ou abandonar. Também os que podem nos fazer mal nos causam temor quando somos passíveis de injustiça, porque, em geral, os homens fazem mal aos outros sempre que têm poder para isso. Aqueles que sofreram ou acreditam ter sofrido injustiças são temíveis, pois estão sempre aguardando sua oportunidade. Assim como aqueles que fizeram mal às pessoas, se possuem poder, pois temem a retaliação.

Já dissemos que a maldade, quando tem poder, é terrível. Além disso, nossos rivais nos causam medo quando aquilo a que visamos não pode pertencer a ambos ao mesmo tempo, pois estamos sempre em guerra com tais homens. Também tememos aqueles que são temidos por pessoas mais fortes do que nós – se podem ferir pessoas mais fortes, então podem nos ferir ainda mais; e, pela mesma razão, tememos aqueles a quem essas pessoas mais poderosas verdadeiramente temem. Também os que destruíram pessoas mais fortes do que nós. Bem como aqueles que atacam pessoas mais fracas do que nós – estes ou já são formidáveis, ou serão quando se tornarem mais fortes. Entre aqueles que prejudicamos e entre nossos inimigos ou rivais, não é o apaixonado e franco que temos que temer, mas sim o quieto, dissimulado, inescrupuloso, haja vista que nunca sabemos quando ele está em nosso encalço, nunca podemos ter certeza de que está a uma distância segura. Todas as coisas terríveis o são ainda mais quando não proporcionam ocasião para desfazer um engano, ou porque não temos chance alguma, ou porque depende de nossos inimigos e não de nós mesmos. Essas coisas também são piores quando não podemos, facilmente ou de outro modo, evitar. Em termos gerais, tememos tudo aquilo que, quando sucede ou ameaça a outrem, nos causa compaixão.

Vimos, mais ou menos, as principais causas de terror e temor. Vamos, agora, descrever as condições em que sentimos medo. Uma vez que o medo está associado à expectativa de que nos suceda algo destrutivo, é evidente que ninguém terá medo de acreditar que nada lhe pode suceder; não temeremos nem aquilo que acreditamos que não pode acontecer a nós, nem pessoas que acreditamos não poder provocar tais coisas; tampouco sentiremos medo em momentos em que pensamos estar seguros delas. Segue-se, desse modo, que o medo é sentido por aqueles que acreditam que algo provavelmente lhes acontecerá, pelas mãos de pessoas específicas, de uma forma específica e em um momento específico. Isso não ocorre ao pensamento de quem está, ou acredita estar, em meio a uma grande prosperidade, e são, em decorrência disso, insolentes, desdenhosos e imprudentes – o tipo de caráter produzido pela riqueza, força física, abundância de amigos, poder. Tampouco quando sentem que já experimentaram todo tipo de horror e se tornaram insensíveis quanto ao futuro, como homens que estão sendo açoitados e estão à beira da morte – para que sintam a angústia da incerteza, deve haver uma tênue expectativa de fuga. Isso se dá pelo fato de que o medo nos faz buscar saídas, o que, certamente, ninguém faz quando não há esperança. Consequentemente, quando se deseja que a audiência se sinta amedrontada, o orador a faz sentir que corre perigo real, apontando que o mesmo sucedeu a outros mais fortes, e está acontecendo, ou aconteceu, com pessoas comuns, pelas mãos de pessoas inesperadas, de forma inesperada e em momento inesperado.

Após termos examinado a natureza do medo, aquilo que o provoca, e os vários estados mentais em que é sentido, poderemos também verificar o que é Confiança, o que a provoca e sob quais condições. Ela é o oposto do medo, e o que a produz é o oposto do que inspira o medo; é, portanto, a expectativa associada a uma imagem mental de proximidade com aquilo que nos mantém seguros e de ausência ou afastamento do que é terrível. Pode ser produzida pela proximidade do que inspira confiança ou pela ausência do que causa alarme. Com a confiança, sentimos se podemos tomar medidas – muitas, ou importantes, ou ambas – para sanar ou evitar problemas; se não prejudicamos os outros nem por eles fomos prejudicados; se não temos rivais ou não temos rivais fortes; se nossos rivais que são fortes são nossos amigos ou nos tratam bem, ou são bem tratados por nós; ou se aqueles que compartilham de nosso interesse são a parte mais numerosa, ou a mais forte, ou ambas.

Quanto ao nosso próprio estado de espírito, sentimos confiança se acreditamos que muitas vezes tivemos sucesso e nunca sofremos reveses, ou que muitas vezes escapamos em segurança ao enfrentar perigos. Há duas razões pelas quais os seres humanos enfrentam o perigo com tranquilidade: podem não ter experiência com ele, ou podem ter meios para lidar com ele. Assim, quando em perigo no mar, as pessoas podem se sentir confiantes quanto ao que acontecerá, seja porque não têm experiência com o mau tempo, ou porque sua experiência lhes provê meios para lidar com isso. Também nos sentimos confiantes quando pessoas como nós, mais fracas do que nós, ou que acreditamos serem mais fortes, não experimentam terror – e acreditamos nisso se subjugamos a essas, ou a outras tão fortes quanto ou mais fortes do que elas. O mesmo ocorre quando acreditamos que somos superiores aos nossos rivais na quantidade e importância daquelas vantagens que asseguram a grandiosidade de um homem: riqueza, força física, grande número de apoiadores, território extenso, bem como a posse de todos, ou dos mais importantes, aparelhos de guerra. Além disso, sentimos confiança se não prejudicamos ninguém, ou muitos, ou aqueles que tememos; e se, de modo geral, nossas relações com os deuses forem satisfatórias, como ficará evidente por meio dos sinais e oráculos. O fato é que a raiva nos torna confiantes – ela é suscitada por estarmos cientes de que não somos os injustos, mas os injustiçados, e que o poder divino sempre estará do lado dos injustiçados. Também quando, no início de um empreendimento, acreditamos que não podemos e não vamos falhar, ou que vamos obter sucesso completo. Quanto às causas do medo e da confiança, basta aquilo que foi dito até aqui.

6

Voltemo-nos, aqui, para a Vergonha e o Descaramento; descreveremos, na sequência, as coisas que provocam tais sentimentos, as pessoas diante das quais isso ocorre e os estados de espírito sob os quais emergem. A vergonha pode ser definida como dor ou perturbação em relação a coisas ruins, sejam presentes, passadas ou futuras, que possam nos envolver em descrédito; e o descaramento, como desprezo ou indiferença em relação a essas mesmas coisas ruins. De tal definição, segue-se que sentimos vergonha daquilo de mal que seja desonroso a nós ou aos nossos. Entre tais males estão, em primeiro lugar, aqueles produzidos pela maldade moral. Podemos mencionar jogar fora o escudo ou fugir, pois essas faltas advêm da covardia. Também, reter um depósito ou prejudicar, de outro modo, as pessoas em questões relativas a dinheiro, porque esses são atos de injustiça. Do mesmo modo, ter relações carnais com pessoas proibidas, em momentos errados ou em lugares errados, pois isso demonstra desregramento. Ainda, obter lucro de maneira mesquinha ou desonrosa, ou à custa de pessoas indefesas, por exemplo, os pobres ou os mortos – daí o provérbio "Ele roubaria de um cadáver", porque tais atos apontam para ganância vulgar e mesquinharia. Além disso, em questões financeiras, oferecer menos ajuda do que se poderia, ou nenhuma ajuda, ou aceitar ajuda de pessoas em situação pior que a sua. Ademais, tomar empréstimos de forma suplicante; implorar por dinheiro fazendo parecer que se pede o retorno de um favor; pedir o retorno de um favor de forma suplicante; elogiar alguém para que pareça uma súplica por dinheiro; e continuar a suplicar por dinheiro após ter nisso fracassado – todas essas ações são sinais de mesquinharia. Do mesmo modo, elogiar as pessoas em sua presença, elogiar de forma extravagante os pontos positivos de um homem enquanto encobre suas fraquezas e demonstrar compaixão extravagante por sua dor quando em sua presença, e todo tipo de coisa, pois tais coisas são disposições de um bajulador. Além disso, recusar-se a suportar dificuldades que são toleradas por pessoas mais velhas, educadas mais delicadamente, de posição mais alta ou, de modo geral, menos resistentes do que nós, pois isso mostra indolência. Também, aceitar benefícios conferidos por outrem, e, em especial, aceitá-los com frequência, para, então, insultar aquele que os confere; isso aponta uma disposição mesquinha e ignóbil. Além disso, falar incessantemente sobre si mesmo, fazer provisões em voz alta e apropriar-se dos méritos de outros são marcas de ostentação. O mesmo é verdade para as ações devidas a qualquer uma das outras formas de maldade de caráter moral, dos sinais de tal maldade etc.: todos eles são desonrosos e descarados. Outro tipo de coisa má da qual nos envergonhamos é não partilhar das coisas honrosas compartilhadas pelos demais, ou por todos ou quase todos os nossos iguais. Por "nossos iguais", refiro-me aos de nossa própria raça ou país, ou idade, ou família, e, de modo geral, dos que pertencem ao mesmo nível que nós. Estando no mesmo nível deles, é uma desonra ser, digamos, menos educados do que eles; e o mesmo se aplica às outras vantagens, tanto mais se cada uma dessas faltas for nossa culpa. Será a nossa maldade moral a maior responsável onde quer que sejamos nós mesmos os culpados por nossas circunstâncias presentes, passadas ou futuras. Além disso, sentimos vergonha ao sofrer, ter sofrido ou vir a sofrer o que quer que nos envolva em desonra e censura; como quando envolvemos nosso corpo ou prestamo-nos a atos vis, por exemplo, quando nos submetemos ao ultraje. Ceder à luxúria de outrem é vergonhoso, seja de boa ou má vontade (mesmo ceder à força é um exemplo de má vontade), uma vez que a submissão irresistível a eles deve-se à falta de virilidade ou à covardia.

Tais coisas, entre outras, são o que provocam o sentimento de vergonha. Como a vergonha é uma imagem mental da desonra, e visto que recuamos diante da desonra em si e não de suas consequências, e que somente nos afeta aquilo que pensam a nosso respeito dependendo de quem o faz, segue-se que nos envergonhamos perante aquelas pessoas cuja opinião nos afetam. São elas: aquelas que nos admiram, as que admiramos, aquelas pelas quais desejamos ser admirados, as com quem estamos competindo e aquelas cuja opinião a nosso respeito valorizamos. Admiramos e desejamos que nos admirem quem quer que possua vantagens altamente estimadas; ou de quem ansiamos intensamente obter algo que podem nos oferecer – tal é o sentimento de um amante. Competimos com nossos iguais. Respeitamos, como verdadeiras, as opiniões de pessoas sensatas, como nossos anciãos e as pessoas de boa educação. E sentimo-nos mais envergonhados por algo que ocorreu abertamente, diante dos olhos de todos os homens. Daí o provérbio "a vergonha está nos olhos". Por tal razão, maior é nossa vergonha diante daqueles que temos sempre conosco e dos que estão atentos às nossas ações, já que, em ambos os casos, temos seus olhos sobre nós. Também nos sentimos assim diante daqueles que não estão suscetíveis à mesma imputação que nós, pois certamente suas opiniões são o oposto das nossas. Do mesmo modo, diante dos que são intransigentes ante qualquer conduta que reprovem. Afinal, ninguém se ressente quando seus vizinhos fazem o mesmo que si; de modo que, é claro, ressente-se que façam o que ele mesmo não faz. Ademais, perante os que falam com outros a seu respeito; não falar aos outros é o mesmo que não lhe apontar os erros. As pessoas provavelmente falarão sobre você se as tiver prejudicado, já que buscam prejudicá-lo; ou se forem maledicentes, pois os que atacam os inocentes estarão ainda mais prontos para atacar os culpados. Do mesmo modo, diante daqueles cuja ocupação é observar as falhas de seus vizinhos – como os satiristas e escritores de comédia; estes são realmente maledicentes e fofoqueiros. Do mesmo modo, diante de quem nunca presenciou qualquer sofrimento nosso, pois temos sido objeto de sua admiração até agora. Esse é o motivo pelo qual nos sentimos envergonhados de recusar um favor àqueles que nos solicitam pela primeira vez – ainda não perdemos o crédito com eles. Tais são aqueles que estão apenas começando a desejar nossa amizade, porque viram apenas nosso melhor lado (daí a propriedade da resposta de Eurípides aos siracusanos); e tais também são os que, entre nossos antigos conhecidos, nada conhecem para nosso descrédito. Além disso, envergonhamo-nos não somente da conduta vergonhosa propriamente dita, mas também de suas evidências. Não apenas, por exemplo, da relação sexual em si, mas também de suas evidências; e não apenas de atos desonrosos, mas também de conversas desonrosas. Da mesma forma, sentimos vergonha não somente na presença das pessoas mencionadas, mas também de quem quer que lhes relate o que fizemos, como seus servos ou amigos. E, de modo geral, não sentimos vergonha diante daqueles cujas opiniões consideramos indignas de confiança (ninguém sente vergonha diante de crianças pequenas ou de animais); tampouco nos envergonhamos das mesmas coisas tanto diante de pessoas próximas como de estranhos, mas, diante dos primeiros, envergonhamo-nos de falhas aparentemente genuínas, diante dos últimos, de falhas aparentemente convencionais.

As condições sob as quais sentimos vergonha são: primeiro, na presença de pessoas relacionadas a nós diante das quais, como foi dito, sentimos vergonha. Estas são, como vimos, pessoas que admiramos, ou que nos admiram, ou por quem desejamos ser admirados, ou de quem desejamos algum serviço que não obteremos se perdermos sua boa opinião. Essas pessoas podem estar testemunhando verdadeiramente o ocorrido (como coloca Cídias, em seu discurso sobre as atribuições de terras em Samos, quando pede aos atenienses que imaginem os gregos parados a seu redor, verdadeiramente presenciando a maneira como votaram, em vez de apenas ouvirem a respeito disso mais tarde); ou, ainda, podem estar próximas, ou pode ser provável que descubram sobre nossas ações. É por tal motivo que, perante o infortúnio, não desejamos ser vistos por aqueles que um dia se espelharam em nós, dado que isso implica admiração. Também os homens sentem vergonha por atos ou fatos que lhe trazem desonra, sejam eles nossos, ou de nossos ancestrais, ou daqueles com quem estabelecemos conexão próxima. Geralmente, sentimos vergonha diante daqueles cuja própria má conduta também nos envergonha, como já mencionado: os que nos tomam como modelos; aqueles de quem fomos professores ou conselheiros; ou outras pessoas de quem, talvez, sejamos rivais. Assim, somos levados a fazer ou deixar de fazer muitas coisas por vergonha de tais pessoas. E sentimos ainda mais vergonha quando estamos expostos continuamente ao convívio e aos olhares dos que conhecem nossa desonra. Portanto, quando o poeta Antifonte foi condenado a ser açoitado até a morte por Dionísio, e viu aqueles que iriam perecer a seu lado cobrindo o rosto ao passarem pelos portões, ele disse: "Por que vocês cobrem o rosto? É para que alguns desses espectadores não os vejam amanhã?".

Tratamos o suficiente da Vergonha. Para entender o Descaramento, basta que consideremos os casos inversos, e claramente teremos tudo de que precisamos.

7

Voltando-nos, a seguir, para a Benevolência, sua definição nos mostrará por quem, por que e em quais estados mentais ela é sentida. A benevolência, sob a influência da qual um homem é considerado "gentil", se revela na ajuda que se estende a alguém em necessidade, sem esperar algo em troca tampouco em benefício de quem a oferece, mas sim para o benefício da pessoa assistida. Grande é a benevolência quando estendida a alguém em grande necessidade, ou cuja necessidade envolve o que é elementar e de difícil obtenção, ou cuja necessidade sobrevém em uma difícil e importante crise. Tanto também quando o benfeitor é a única, a primeira ou a principal pessoa a prestar-lhe assistência. Os apetites naturais constituem tais necessidades, em particular, quando causam sofrimento se permanecem insatisfeitos. Tais são o desejo sexual, por exemplo, bem como aqueles que surgem durante padecimento físico e em meio a perigos, pois o apetite é ativo tanto no perigo quanto na dor. Assim, aqueles que permanecem ao nosso lado na pobreza ou no exílio, mesmo que não nos ajudem muito, ainda nos são verdadeiramente gentis, dada a grandeza de nossa necessidade e sua urgência. Exemplo disso é o homem que ofereceu um tapete no Liceu. A benevolência, atende, portanto, de preferência, somente a esse tipo de necessidade; e, na falta desse tipo, a algum outro equivalente ou maior. Eis, portanto, a quem, por que e sob quais condições se mostra benevolência; tais fatos devem formar a base de nossos argumentos. Devemos mostrar que as pessoas assistidas sofrem ou sofreram a dor e a necessidade descritas e que seus benfeitores prestaram ou estão prestando o tipo de ajuda adequado àquela espécie de necessidade. Fica claro, ainda, como é possível eliminar a ideia de benevolência e fazer com que nossos oponentes pareçam indelicados: podemos defender que são ou foram úteis tão somente para promover seu próprio interesse – isto, como dissemos, não é benevolência –; ou que sua ação foi acidental, ou que foram forçados a realizá-la; ou que não era o caso de estarem fazendo um favor, mas sim retribuindo um, conscientemente ou não – em ambos os casos, trata-se de mera retribuição e não, portanto, benevolência, ainda que o benfeitor não esteja ciente da situação. Ao considerar tal assunto, convém observar todas as categorias que envolvem um ato de gentileza, seja por *(1)* sua particularidade, *(2)* magnitude, ou *(3)* qualidade, ou pelo *(4)* momento, ou *(5)* lugar específico em que se passa. Como evidência da falta de gentileza, pode-se apontar casos em que se recusa a assistência mínima ao homem necessitado; ou em que a mesma assistência, ou, ainda, uma equivalente ou maior, tenha sido prestada a seus inimigos. Isso aponta que o serviço em questão não foi prestado em prol da pessoa ajudada. Ou podemos apontar que o objeto de desejo era insignificante e que o benfeitor estava ciente disso – ninguém admitirá que precisa do que não tem valor.

8

Isso dá conta da Benevolência e da falta dela. Consideremos, agora, a Compaixão, perguntando-nos quais coisas a excitam e por quais pessoas e em quais estados mentais é sentida. A compaixão pode ser definida como um sentimento doloroso que sobrevém quando se presencia algo mal, destrutivo ou doloroso, que recai sobre alguém que não o merece, e que poderia recair sobre nós mesmos ou os nossos, e que, além disso, poderia atingir-nos em breve. Obviamente nos compadecemos quando somos capazes de supor que o mesmo mal poderia suceder a nós ou aos nossos, e que tal mal se encaixe na definição que fazemos dele, ou seja, mais ou menos do mesmo tipo. Portanto, não sentem compaixão os completamente arruinados, que supõem que já nenhum outro mal possa ocorrer-lhes, uma vez que já lhes sucedeu o pior. Tampouco a sentem os que se consideram imensamente afortunados – seu sentimento é de presunçosa insolência, porque, ao supor que possuem todas as coisas boas da vida, fica claramente incluída a impossibilidade de que lhes sobrevenha qualquer mal, sendo essa precisamente uma das vantagens de que gozam. Aqueles que acreditam poder vir a sofrer algum mal são os que já foram assim acometidos e escaparam com segurança. Assim são os homens idosos, devido ao seu bom senso e experiência; os fracos, especialmente aqueles inclinados à covardia; e também pessoas instruídas, por sua capacidade de raciocínio. Igualmente o são aqueles que têm pais vivos, ou filhos, ou esposas, pois os males mencionados podem facilmente atingi-los. E aqueles que não são movidos por nenhuma emoção que produza coragem, tal como a raiva ou a confiança (tais emoções não levam em conta o futuro), nem por uma disposição à insolência presunçosa (homens insolentes também não levam em conta a possibilidade de que algo ruim aconteça a eles), nem ainda por grande medo (pessoas apavoradas não sentem compaixão, pois estão ocupadas com o que se passa a elas próprias). Somente têm compaixão aqueles que estão entre esses dois extremos. Para sentir compaixão, devemos também acreditar na bondade de pelo menos algumas pessoas; quando se acredita que ninguém é bom, todos parecerão merecedores de infortúnio. Assim, de modo geral, a compaixão nos toma e lembramos que infortúnios semelhantes aconteceram conosco ou com os nossos, e acabamos esperando que aconteçam no futuro.

Tais são as condições mentais sob as quais sentimos compaixão. Aquilo de que nos compadecemos fica evidente por sua definição. Tudo quanto é desagradável e doloroso excita pena e tende a destruir, afligir e aniquilar; assim como todos os males graves advindos do acaso. Os males dolorosos e destrutivos são a morte em suas várias formas, os ferimentos e padecimentos físicos, a velhice, as doenças e a falta de alimento. Os males devidos ao acaso são a falta de amizade, escassez de amigos (é lamentável ver-se afastado de amigos e companheiros), deformidade, fraqueza, mutilação, os males advindos daquilo que deveria ser bom, bem como a repetição frequente de tais infortúnios. Podem-se incluir, ainda, bens que surgem após um grande sofrimento, como a chegada dos presentes do Grande Rei para Diopites após sua morte. Também ocasiões em que nenhum bem sobrevenha a um homem, ou que este não seja capaz de aproveitá-lo quando isso acontece.

Os motivos de nossa compaixão são esses ou semelhantes a esses. As pessoas por quem sentimos compaixão são aquelas que conhecemos, quando não são tão próximas de nós – pois, nesse caso, sentiríamos por elas como se estivéssemos nós mesmos em perigo. Por essa razão, dizem que Amasis não chorou ao ver seu filho sendo levado à morte, mas sim quando viu seu amigo mendigando. A última visão foi lastimável, a primeira terrível, e o terrível é diferente do lastimável, pois tende a expulsar a compaixão, e frequentemente ajuda a produzir seu oposto. Novamente, compadecemo-nos quando o perigo está próximo a nós. Também temos compaixão pelos que se assemelham a nós em idade, caráter, disposição, posição social ou nascimento, porque, em todos esses casos, parece mais provável que o mesmo infortúnio possa nos acometer também. Aqui devemos, novamente, lembrarmo-nos do princípio geral pelo qual aquilo que tememos por nós mesmos excita nossa compaixão quando sucede a outrem. Além disso, considerando que a proximidade ao sofrimento alheio é o que de fato nos excita a compaixão (não conseguimos nos lembrar de desastres acontecidos cem séculos atrás, nem antecipar o que acontecerá cem séculos adiante, e, portanto, pouca compaixão, se alguma, tais coisas nos provocam), segue-se que aqueles que aumentam o efeito de suas palavras com gestos adequados, tons de voz, vestimentas e atuação dramática, em geral, são especialmente bem-sucedidos em excitar compaixão. Ao agir desse modo, colocam diante de nossos olhos os infortúnios, fazendo-os parecer próximos, prestes a suceder ou recentemente ocorridos. Qualquer coisa ocorrida recentemente, ou que ocorrerá em breve, é particularmente lamentável. Assim também o são, portanto, os símbolos e as ações dos sofredores – as vestimentas daqueles que sofreram, ou coisas semelhantes; as palavras, entre outras coisas, dos que estão em meio ao sofrimento – daqueles, por exemplo, que estão à beira da morte. A maior lástima reside em que as pessoas que enfrentam tal provação tenham caráter nobre; sempre que isso ocorre, nossa compaixão é especialmente despertada, pois sua inocência, bem como o cenário de seus infortúnios ante nossos olhos, faz com que estes nos pareçam próximos.

9

Opõe-se mais diretamente à compaixão o sentimento que chamamos de Indignação. A dor provocada por êxitos imerecidos é, certa feita, oposta àquela causada pelos infortúnios imerecidos, e relacionam-se às mesmas qualidades morais. Ambos os sentimentos estão associados ao bom caráter moral. É nosso dever sentir simpatia e compaixão pela angústia imerecida, e sentir indignação pela prosperidade imerecida, porque tudo o que é imerecido é injusto e, por esse motivo, indignamo-nos até mesmo ante aos deuses. Pode-se, de fato, considerar a inveja como similarmente oposta à compaixão, dado que se assemelha intimamente à indignação, ou até mesmo se confunde com ela. Mas não são a mesma coisa. É verdade que a inveja também é uma dor perturbadora excitada pela prosperidade alheia. Não é, contudo, excitada pela prosperidade dos indignos, mas pela de nossos semelhantes ou nossos pares. Ambos os sentimentos têm em comum o fato de referirem-se não ao que de desagradável provavelmente ocorrerá conosco, mas apenas ao que sucede ao próximo. O sentimento deixa de ser inveja ou indignação e se torna medo se a dor e a perturbação advirem da perspectiva de que a boa sorte de outrem nos resulte em algum malefício. Os sentimentos de compaixão e indignação obviamente serão inversos ao sentimento de satisfação. Se você se aflige diante do sofrimento imerecido de outrem, ficará satisfeito, ou ao menos não se afligirá, diante de seu sofrimento merecido. Assim, nenhum homem bom aflige-se pela punição de parricidas ou assassinos.

Essas são coisas pelas quais devemos nos alegrar, assim como devemos nos alegrar com a prosperidade dos merecedores – ambas são coisas justas, e ambas dão prazer a qualquer homem honesto, uma vez que se espera que a si aconteça o mesmo que a seu semelhante. Todos esses sentimentos estão associados ao mesmo tipo de caráter moral. E seus contrários estão associados ao tipo contrário. O homem que se deleita com os infortúnios alheios é idêntico àquele que inveja a prosperidade alheia. Quem se aflige pela ocorrência ou existência de algo, se jubila por sua inexistência ou destruição. Percebe-se, então, que todos esses sentimentos buscam impedir a compaixão (embora difiram entre si, como apontado), de modo que são igualmente úteis para neutralizar um apelo por compaixão.

Consideraremos primeiro a Indignação – reservando as demais emoções para discussão subsequente – indagaremos com quem, por que causas e em que estados de espírito podemos ficar indignados. Tais questões são, de fato, respondidas pelo que já foi dito. A indignação é a dor causada ao se presenciar um êxito imerecido. Assim, está claro destarte que existem formas de bem perante as quais não nos indignamos. Portanto, sendo um homem justo ou corajoso, ou adquirindo ele bondade moral, não nos indignaremos com ele por isso, bem como não nos compadeceremos dele pela razão contrária. A indignação é despertada perante a riqueza, o poder e coisas semelhantes – por todas aquelas coisas, enfim, que merecem os homens bons e os que possuem dotes naturais: nascimento nobre, beleza, e assim por diante. Do mesmo modo, o que se obteve há muito tempo assemelha-se ao que existe por natureza, portanto sentimos mais indignação com quem possui determinada vantagem se, de fato, esta foi obtida recentemente, bem como a prosperidade que lhe é inerente. Os novos-ricos causam mais ofensa do que aqueles cuja riqueza vem de longa data e é herdada. O mesmo se aplica aos que detêm cargo público ou poder, muitos amigos, uma boa família etc. Sentimos o mesmo quando tais vantagens lhes garantem outras. Novamente, os novos-ricos nos causam maior ofensa ao obter cargos públicos por meio de suas riquezas do que aqueles cuja riqueza é antiga; e o mesmo ocorre em todos os outros casos. A razão é que percebemos aquilo que esses últimos têm como sua legítima posse, entretanto aqueles outros não – o que aparenta ter sido sempre assim é considerado legítimo, e, desse modo, as posses dos novos-ricos não parecem ser suas por direito. Além disso, não é todo e qualquer homem que merece qualquer tipo de bem; há certa correspondência e adequação em tais coisas. Assim, é apropriado que homens corajosos, e não os justos, possuam boas armas, e que homens de família nobre, e não emergentes, estabeleçam casamentos ilustres. É possível indignar-se com quem obtém o que não lhe é apropriado, ainda que se trate de um homem bom o suficiente. Também se pode sentir indignação quando alguém se opõe ao seu superior, especialmente quanto a algum aspecto particular – daí os versos:

Porém esquivava-se da batalha contra Ajax, filho de Télamo;

Zeus se zangaria com ele,

se lutasse com alguém mais poderoso.

Entretanto, mesmo à parte disso, causa indignação quando o inferior, em qualquer sentido, contende com seu superior; como um músico, por exemplo, com um homem justo, pois a justiça é mais refinada que a música.

O dito é suficiente para deixar claro os motivos pelos quais as pessoas contra as quais a Indignação é sentida – são os ora mencionados e outros análogos a esses. Quanto a quem a sente, a sentimos se somos merecedores dos maiores bens possíveis e, além disso, se os possuímos, posto que é uma injustiça que aqueles que não são nossos iguais mereçam o mesmo que nós. Ou, em segundo lugar, a sentimos se somos pessoas realmente boas e honestas; nosso julgamento, nesse caso, é apurado e detestamos qualquer tipo de injustiça. Também se somos ambiciosos e ansiamos por obter fins específicos, especialmente se ambicionamos o que outrem obtém imerecidamente. E, de forma geral, indignamo-nos quanto àquilo que acreditamos merecer e os outros não. Portanto, pessoas servis, inúteis e pouco ambiciosas não são inclinadas à Indignação, uma vez que não há nada que elas possam acreditar que mereçam.

Com base nisso, fica claro qual é o tipo de homem cujos infortúnios, as angústias ou os fracassos deveriam nos trazer satisfação, ou, ao menos, não nos afligir. Considerando o que foi descrito, de pronto identificamos também seus contrários. Se, portanto, nosso discurso coloca os juízes em um estado de espírito como o indicado e demonstra que os que reivindicam compaixão em certos fundamentos não a merecem, e sim o seu contrário, será impossível que os juízes lhes demonstrem compaixão.

10

Seguindo para a Inveja, observaremos o que a causa, contra quais pessoas e em quais estados de espírito a sentimos. A inveja é a dor perante os êxitos provenientes das coisas boas já mencionadas. Sinto-la em relação aos nossos iguais, não com a ideia de obter algo para nós mesmos, mas porque outros o têm. Nós a sentiremos se formos ou acreditarmos ser iguais; e por "iguais" refiro-me iguais em nascimento, relacionamento, idade, disposição, distinção ou riqueza. Sentimos inveja também se ficarmos um pouco aquém de ter tudo; é por isso que as pessoas prósperas e de alta posição sentem inveja – acreditam que todos os outros estão tomando o que lhes pertence. Também se nos destacamos excepcionalmente por algo em particular, e especialmente por sabedoria ou boa fortuna. Homens ambiciosos são mais invejosos do que os que não o são. Tanto também aqueles que professam sabedoria – estes ambicionam serem considerados sábios. Em verdade, de maneira geral, aqueles que visam uma reputação pelo que quer que seja são invejosos quanto a esse ponto em particular. Além disso, os homens de mente pequena são invejosos, pois a eles tudo parece grandioso. As coisas boas que despertam a inveja já foram mencionadas. Os feitos ou as posses que despertam o amor pela reputação e pela honra e o desejo pela fama, e as várias dádivas da sorte, estão quase todos sujeitos à inveja; particularmente se desejamos aquilo, ou acreditamos ter direito àquilo, ou sua posse nos eleva acima dos outros, ou sua falta nos rebaixa. Também está claro o tipo de pessoas que invejamos; como já foi dito, invejamos aqueles próximos a nós em tempo, lugar, idade ou reputação. Daí o dito:

Sim, pode-se invejar até seus parentes.

Também invejamos nossos concorrentes, que são, na realidade, as pessoas que acabamos de mencionar. Não competimos com homens que viveram cem séculos atrás, ou que ainda não nasceram, ou com os mortos, ou os que habitam os Pilares de Hércules, ou aqueles que, por nossa opinião ou de outros, consideramos estar muito abaixo ou muito acima de nós. Assim, competimos com aqueles que perseguem os mesmos fins que nós. Competimos com nossos rivais no esporte ou no amor e, de modo geral, com aqueles que buscam o mesmo que nós. Portanto, esses são os que devemos invejar mais do que todos os outros. Daí o ditado:

Oleiro contra oleiro.

Invejamos, ainda, aqueles cuja posse ou êxito nos gera reprovação – estes são nossos vizinhos e iguais, pois certamente é nossa própria culpa termos perdido a coisa boa em questão; isso nos incomoda e nos excita a inveja. Também invejamos aqueles que têm o que deveríamos ter, ou que obtiveram o que já foi nosso. Daí os velhos invejarem os homens mais jovens, e aqueles que pagaram caro por algo invejarem os que pagaram menos. E quem não possui algo, ou ainda não o obteve, inveja aqueles que obtiveram rapidamente. Pode-se notar, ainda, quais coisas e pessoas dão prazer às pessoas invejosas, e em quais estados de espírito elas sentem isso: os estados de espírito em que sofrem são os mesmos sob cujos opostos sentirão prazer. Portanto, se a nós cabe uma decisão e somos levados a um estado de espírito invejoso, e tais pessoas como as aqui descritas nos reivindicarem compaixão ou dádivas, certamente não as obterão de nós.

11

Em seguida, consideraremos a Emulação, mostrando em que consistem as causas e os objetos, bem como o estado de espírito em que é sentida. A Emulação é a dor provocada quando reconhecemos em nosso semelhante qualidades altamente valorizadas as quais poderíamos adquirir. Não a sentimos, contudo, porque o outro as possui, mas sim porque faltam a nós. É, portanto, um bom sentimento nutrido por pessoas boas, enquanto a inveja é um mau sentimento nutrido por pessoas más. A Emulação nos leva a tomar medidas em busca das qualidades almejadas, a inveja nos faz tomar medidas para impedir que nosso vizinho as possua. A Emulação, portanto, tende a ser experimentada por pessoas que acreditam merecer certas vantagens que não possuem, sendo entendido que ninguém aspira a coisas que lhes parecem impossíveis. Ela é, portanto, sentida pelos jovens e por pessoas de disposição elevada. E por aqueles que possuem vantagens análogas às merecidas por homens honrosos, como: riqueza, abundância de amigos, cargos públicos e afins. Supondo que sejam bons homens, são dignos de tais bens, posto que acreditam pertencer à classe dos homens de boa disposição mental. É sentida, ainda, por aqueles que os demais consideram merecedores. Também sentimos assim em relação a qualquer coisa pela qual nossos ancestrais, parentes, amigos pessoais, raça ou país são especialmente honrados, pois parecem pertencer-nos e, portanto, nos sentimos merecedores daquilo. Além disso, uma vez que todas as qualidades honradas são objetos de emulação, a bondade moral em suas várias formas deve sê-lo, bem como todas as coisas boas que são úteis e prestativas aos outros, pois os homens honram os moralmente bons e também aqueles que os servem. O mesmo se dá com as qualidades que possuímos e que têm capacidade de gerar prazer aos nossos vizinhos – riqueza e beleza mais do que saúde. Pode-se depreender, também, quais pessoas são objetos de tal sentimento. São aquelas que possuem tais qualidades e outras análogas a elas – como as já mencionadas: coragem, sabedoria, cargo público. Os detentores de cargos públicos – generais, oradores e todos os que possuem esses poderes – podem estender benefícios a muitas pessoas. Também aqueles a quem muitos aspiram parecer; aqueles que têm muitos conhecidos ou amigos; os que são admirados, ou que nós mesmos admiramos; e os que foram louvados e elogiados por poetas ou prosadores. Pessoas do tipo oposto são objetos de desprezo, pois o sentimento e a noção de desprezo são os opostos da emulação. Todos quanto emulam ou são emulados por outros estão inevitavelmente propensos a desprezar pessoas sujeitas às faltas, que são o avesso das vantagens que inspiram emulação; e desprezam-nas exatamente por essa razão. Por isso, muitas vezes desprezamos os afortunados, quando a sorte lhes sobrevêm sem que possuam tais qualidades que são tidas em honra.

Isso conclui nossa discussão sobre os meios pelos quais as diversas emoções podem ser produzidas ou dissipadas, e dos quais dependem os argumentos persuasivos a elas relacionados.

12

Consideremos, agora os diversos tipos de caráter humano, em relação às emoções e qualidades morais, mostrando como correspondem às nossas várias idades e fortunas. Por emoções, refiro-me à raiva, ao desejo e a coisas desse tipo, as quais já discutimos. Por qualidades morais, refiro-me a virtudes e vícios; também esses já foram discutidos, como as várias coisas que diferentes tipos de homens tendem a desejar e fazer. Por idades, refiro-me à juventude, ao auge da vida e à velhice. Por fortuna, refiro-me a nascimento, à riqueza, ao poder e aos seus opostos – a bem dizer, ventura e desventura.

Para começar, vejamos o caráter Jovem. Os jovens são movidos por fortes paixões e tendem a satisfazê-las indiscriminadamente. Dos desejos corporais, é o sexual o que mais os influencia e em relação ao qual demonstram ausência de autocontrole. Eles são mutáveis e inconstantes em seus desejos, que são violentos enquanto duram, mas rapidamente se esgotam. Seus impulsos são aguçados, mas não profundamente enraizados, e se assemelham aos ataques de fome e sede dos doentes. Eles são temperamentais, irascíveis e propensos a ceder à sua raiva. O mau humor, muitas vezes, leva a melhor sobre eles, pois seu amor à honra torna insuportável qualquer menosprezo e indignam-se ao sentirem-se tratados de forma injusta. Para além da honra, amam a vitória, pois a juventude anseia por superioridade sobre os outros, e assim se afigura a vitória. Amam ambas essas coisas mais do que amam o dinheiro, o qual, na realidade, amam muito pouco, não tendo ainda experimentado sua privação – tal é o ponto da observação de Pítaco a respeito de Anfiarau. Veem as coisas pelo lado bom em vez do ruim, não tendo ainda testemunhado muitos casos de maldade. Confiam nos outros prontamente, porque não foram frequentemente enganados. Eles são sanguíneos; a natureza aquece seu sangue tal como o excesso de vinho e, além disso, depararam-se com poucas decepções até então. Levam a vida antes na expectativa do que na lembrança, porque a expectativa se refere ao futuro e a lembrança ao passado, e a juventude tem um longo futuro à frente e um curto passado atrás de si – no primeiro dia de vida, nada se tem a lembrar e só se pode olhar para a frente. São facilmente enganados, devido à disposição sanguínea que acabamos de mencionar. Seus temperamentos quentes e as disposições esperançosas os tornam mais corajosos do que os homens mais velhos; o temperamento quente previne o medo, e a disposição esperançosa gera confiança – não sentem medo enquanto estão com raiva, e qualquer boa perspectiva os faz confiantes. Eles são tímidos, acatando as regras da sociedade em que foram treinados, e não creem, ainda, em nenhum outro padrão de honra. Têm ideias grandiosas, pois ainda não foram humilhados pela vida nem aprenderam as necessárias limitações; ademais, sua disposição esperançosa os leva a crerem-se capazes de grandes feitos – e isso implica ideias grandiosas. Preferem sempre realizar ações nobres às úteis. Sua vida é regida mais pelo sentimento moral do que pelo raciocínio. Enquanto o raciocínio leva a escolher o que é útil, a boa moral leva a escolher o nobre. Apreciam bem mais os amigos, íntimos e companheiros, do que o fazem os mais velhos, pois gostam de passar os dias na companhia de outros, e ainda não passaram a valorizar os amigos ou o que mais seja em relação à utilidade que estes lhes proporcionam. Todos os erros recaem sobre excesso e veemência de seus atos. Desobedecem ao preceito de Quílon, cometendo exageros em tudo: eles amam demais e odeiam demais, e assim são com todo o restante. Acreditam que sabem tudo, e são munidos de grande convicção; é por essa razão, de fato, que exageram em tudo. Se fazem mal aos outros, é porque querem insultá-los, e não para verdadeiramente prejudicá-los. São predispostos à compaixão, porque acreditam que todos são honestos, ou, de qualquer forma, melhores que si; assim, julgam o próximo com base em suas próprias naturezas inofensivas e não conseguem conceber que mereça ser tratado de tal forma. Eles apreciam a diversão e, portanto, são espirituosos, sendo seu humor de uma insolência polida.

13

Tal é o caráter dos Jovens. Podemos descrever o caráter dos Velhos – aqueles que já ultrapassaram seu auge – como sendo formado, em sua maior parte, por elementos que são o contrário de todos esses. Eles viveram muitos anos, muitas vezes foram enganados e cometeram erros; e a vida, em geral, é um mau negócio. O resultado é que não têm convicção alguma e em tudo são exíguos. Eles "pensam", mas nunca de fato "sabem" e, em sua hesitação, acrescentam sempre um "possivelmente" ou um "talvez", expressando-se sempre dessa forma, em vez de uma forma decisiva. São cínicos, isto é, tendem a ver o pior em tudo. Além disso, sua experiência os torna desconfiados e, portanto, desconfiados do mal. Consequentemente, não amam calorosamente nem odeiam amargamente, mas seguindo a sugestão de Biante, amam como se um dia fossem odiar e odeiam como se um dia fossem amar. São mesquinhos, pois foram humilhados pela vida – seus desejos não residem em nada mais exaltado ou incomum além daquilo que os ajudará a se manter vivos. Não são generosos, pois dinheiro lhes é necessário e, ao mesmo tempo, aprenderam em sua experiência o quão difícil é consegui-lo e o quão fácil é perdê-lo. São covardes e estão sempre à espera de perigo. Diferentemente dos jovens, que têm sangue quente, seu temperamento é frio. A velhice abriu caminho para a covardia; o medo é, na verdade, uma forma de frieza. Amam a vida; sobretudo quando seu último dia se aproxima, posto que todo objeto de desejo é algo que falta e também porque desejam com muita força aquilo de que mais urgentemente necessitam. Eles estimam a si mesmos excessivamente, o que é uma forma de mesquinharia. Por isso, guiam sua vida em relação à utilidade muito mais que à nobreza – pois útil é o que é benéfico para si mesmo, enquanto o nobre é absolutamente bom. Não são tímidos, mas sim descarados. Ao importar-se menos com o que é nobre do que com o útil, demonstram desprezo pelo que podem pensar a seu respeito. Não têm confiança no futuro, em parte por experiência – pois a maioria das coisas dá errado, ou, de qualquer forma, acaba pior do que se espera – e em parte por sua covardia. Eles vivem mais de lembranças que de esperança, pois o que lhes resta de vida é pouco em comparação com seu longo passado, e a esperança relaciona-se ao futuro, à lembrança do passado. É esta, também a causa de sua tagarelice; eles estão continuamente falando do passado, porque gostam de se lembrar dele. Seus ataques de raiva são repentinos, porém fracos. Suas paixões sensuais desaparecem completamente ou perdem vigor. Consequentemente, eles não sentem paixões intensas, donde decorre que suas ações não são inspiradas tanto pelo que sentem, mas sim pelo amor ao ganho. Sendo assim, nessa época da vida os homens costumam parecer comedidos, quando, em verdade, foram suas paixões que perderam intensidade, e acabam escravos da ganância. Eles guiam sua vida pelo raciocínio mais do que pelo sentimento moral; sendo o raciocínio direcionado à utilidade e o sentimento moral, à bondade moral. Se prejudicam os outros, sua intenção é realmente prejudicá-los, e não os insultar. Velhos podem sentir compaixão, assim como jovens, mas não pelo mesmo motivo. Os jovens a sentem por benevolência; os velhos por fraqueza, imaginando que o que quer que ocorra a outrem pode facilmente suceder a eles, o que, como vimos, é um pensamento que desperta compaixão. Por isso, são queixosos e não são dados a gracejos ou risos – o amor ao riso é o exato oposto da queixa.

Tais são as características de Jovens e Velhos. As pessoas sempre apreciam discursos adaptados e que refletem seu próprio caráter, assim, podemos entender como compor nossos discursos de modo a adaptá-los, e a nós mesmos, a nossas audiências.

14

Quanto aos Homens em seu Auge, percebe-se claramente que seu caráter recai entre o dos jovens e o dos velhos, estando livre dos extremos de ambos. Não apresentam o excesso de confiança da precipitação, nem muita timidez, mas ambos na medida certa. Não confiam nem desconfiam de todos, mas julgam as pessoas corretamente. Sua vida será guiada não pela consideração exclusiva do que é nobre ou do que é útil, mas por ambos; nem pela parcimônia nem pela prodigalidade, mas pelo que é adequado e apropriado. Assim são, também, em relação à raiva e ao desejo; são tão corajosos quanto temperantes, e tão temperantes quanto corajosos – entre jovens e velhos essas virtudes são divididas: os jovens são corajosos, mas intemperantes, os velhos são temperantes, mas covardes. Posto de forma geral, todas as qualidades valiosas que a juventude e a velhice dividem entre si andam juntas no auge da vida, enquanto todos os seus excessos ou as faltas são substituídos por moderação e aptidão. O corpo está em seu auge dos trinta aos trinta e cinco anos; a mente, em torno dos quarenta e nove.

15

Tais são os tipos de caráter que distinguem a juventude, a velhice e o auge da vida. Voltemo-nos, então, para os Dons da Fortuna que afetam o caráter dos homens. Primeiro, consideremos o Bom Nascimento. Seu efeito é tornar mais ambiciosos aqueles que o gozam; é o que sucede a todos os homens, começam a vida com algo sobre como acumular seus feitos, pois o bom nascimento implica distinção ancestral. O homem bem-nascido menospreza até mesmo aqueles que são tão bons quanto seus próprios ancestrais, porque qualquer mérito remoto é maior do que aquele próximo, além de ser mais ostentável. Ser bem-nascido, que significa vir de uma boa linhagem, distingue-se de nobreza, que significa ser fiel à natureza familiar – uma qualidade pouco encontrada dentre os bem-nascidos, sendo a maioria deles criaturas pobres. Nas gerações humanas, assim como nos frutos da terra, ocorre uma variação na produção; de vez em quando, se a linhagem é boa, produzem-se, por um período, homens excepcionais, o que é seguido por uma decadência. Uma linhagem inteligente degenerará em direção ao caráter do tipo insano, tal como os descendentes de Alcibíades, ou do velho Dionísio; uma linhagem estável, em direção ao tipo tolo e entorpecido, como os descendentes de Címon, Péricles e Sócrates.

16

O tipo de caráter produzido pela Riqueza é evidente a todos. Homens ricos são insolentes e arrogantes; a posse de riqueza afeta seu entendimento. Eles sentem como se detivessem todas as coisas boas que existem; a riqueza se torna uma espécie de padrão de valor para todo o resto e, portanto, acreditam que não há nada que ela não possa comprar. Eles são luxuosos e ostentosos; luxuosos, devido ao luxo em que vivem e da prosperidade que exibem; ostentosos e vulgares, porque, como as outras pessoas, sua mente ocupa-se regularmente com o objeto de seu amor e admiração, e também por acreditarem que todos nutrem a mesma ideia que eles. É, na realidade, bastante natural que eles sejam de tal maneira afetados, pois, quando se tem dinheiro, muitas pessoas vêm solicitá-lo a eles. Daí o dito de Simônides a respeito dos sábios e dos ricos, em resposta à esposa de Híeron, que lhe perguntou se era melhor ser rico ou sábio. "Ora, rico", disse ele; "vejo os sábios passando os dias às portas dos ricos". Os ricos também se consideram dignos de ocupar cargos públicos; afinal, acreditam possuir aquilo que dá direito ao cargo. Em resumo, o tipo de caráter produzido pela riqueza é o de um tolo próspero. Há, de fato, uma diferença entre o tipo dos novos-ricos e aqueles que são ricos há muito tempo: os recém-enriquecidos apresentam, de forma exagerada e pior, todas as más qualidades mencionadas – ser novo rico implica, por assim dizer, que lhes falta educação em riquezas. As injustiças que cometem contra outros não têm a intenção de ferir suas vítimas, mas surgem da insolência ou da autoindulgência; por exemplo, aqueles que terminam em agressão ou adultério.

17

Com relação ao Poder, pode-se dizer com honestidade que é também bastante óbvio o tipo de caráter que ele produz. Ele compartilha alguns elementos com o tipo rico, enquanto, em outros, são melhores. Aqueles no poder são mais ambiciosos e de caráter mais viril do que os ricos, afinal aspiram realizar os grandes feitos que seu poder lhes proporciona. A responsabilidade os torna mais sérios, porque eles devem permanecer atentos aos deveres que sua posição envolve. Eles são solenes, em vez de arrogantes, pois o respeito que lhes é conferido os inspira decoro e, portanto, moderação – sendo o decoro uma forma suave e adequada de arrogância. Se prejudicam os outros, o fazem não em pequena, mas em grande escala.

A boa fortuna produz, em alguns de seus ramos, os tipos de caráter pertencentes às condições recém-descritas, uma vez que essas condições são, de fato, relativamente os tipos de boa fortuna, que são considerados os mais importantes. Pode-se acrescentar que a boa fortuna nos leva a ganhar tudo o que podemos no que diz respeito à felicidade familiar e às vantagens físicas. Ela realmente torna os homens mais arrogantes e imprudentes; mas há uma excelente qualidade que a acompanha – a devoção e o respeito pelo poder divino, ao qual se atribuem eventos que são, na realidade, resultantes do acaso.

Podemos encerrar este relato dos tipos de caráter que correspondem às diferenças de idade ou fortuna, haja vista que para chegar aos tipos opostos aos descritos, ou seja, os dos pobres, dos desafortunados e dos homens sem poder, basta investigar as qualidades opostas às apresentadas.

18

O uso do discurso persuasivo serve à tomada de decisões. (Se já conhecemos algo e sobre isso tomamos nossa decisão, não haverá utilidade em discursar a seu respeito.) Isso é válido mesmo em ocasiões em que alguém se dirige a uma única pessoa para instá-la a fazer ou não algo, como quando repreendemos um homem por sua conduta ou tentamos mudar suas opiniões – aquela única pessoa é seu “juiz” tanto quanto se fosse uma entre muitas. Pode-se dizer, sem qualificação, que qualquer um a quem lhe cabe persuadir é seu juiz. Tampouco importa se estamos argumentando contra um oponente real ou contra uma simples proposição – neste caso, ainda precisamos utilizar o discurso para derrubar os argumentos opostos, os quais atacamos tal qual faríamos a um oponente real. Esse princípio vale também para discursos cerimoniais: os “espectadores” para quem tal discurso é elaborado são tratados como seus juízes. Em termos gerais, no entanto, o único tipo de pessoa que pode ser estritamente chamado de juiz é o homem que delibera em assuntos de controvérsia pública, isto é, em processos judiciais e em debates políticos, havendo, em ambos, questões a serem decididas. Na seção sobre a oratória política, já relacionamos os tipos de caráter que marcam as diferentes constituições.

A maneira e os meios de conferir caráter moral aos discursos podem agora ser considerados totalmente estabelecidos.

Cada uma das principais divisões da oratória tem, como vimos, um propósito distinto. Com relação à cada divisão, abordamos as visões e proposições aceitas sobre as quais podemos embasar nossos argumentos – seja para discursos políticos, cerimoniais ou forenses. Determinamos ainda mais completamente por quais meios os discursos podem ser investidos do caráter moral necessário. Prossigamos, agora, a uma discussão quanto aos argumentos comuns a toda a oratória. Todos os oradores, além de suas linhas particulares de argumentação, veem-se obrigados a fazer uso, por exemplo, do tópico do Possível e Impossível e a tentar demonstrar que algo sucedeu ou virá a suceder no futuro. Ademais, o tópico da Grandeza é comum a toda a oratória; todos temos que argumentar que as coisas são maiores ou menores do que parecem, seja em discursos políticos, discursos de elogio ou censura, ou ao acusar ou defender nos tribunais. Tendo analisado tais assuntos, procuraremos tratar dos princípios gerais de argumentação pelo “entimema” e pelo “exemplo”, esperando, com isso, completar o projeto ao qual nos propusemos. Das linhas gerais de argumentação mencionadas, a que se relaciona à Amplificação é – como já foi dito – mais apropriada aos discursos cerimoniais; a relacionada ao Passado, aos discursos forenses, em que a decisão necessária é sempre sobre fato passado; aquela tocante à Possibilidade e ao Futuro, aos discursos políticos.

19

Abordaremos, em primeiro lugar, o Possível e o Impossível. Pode-se argumentar plausivelmente que, dado um par de opostos, se é possível que um se aplique ou ocorra também o outro o será. Por exemplo, se um homem pode ser curado, ele também pode adoecer, uma vez que qualquer de dois contrários são igualmente possíveis, na medida em que são opostos de uma mesma questão. Que, dentre duas coisas semelhantes, se uma é possível, a outra também o é. Se a mais difícil de duas coisas é possível, a mais fácil também o é. Se uma coisa pode vir a existir em uma forma boa e bela, então, de forma geral, ela pode vir a existir; assim, uma casa pode existir maior facilmente do que uma bela casa. Se o começo de uma coisa pode ocorrer, seu fim também pode, pois nada impossível ocorre ou começa a ocorrer; por isso, a comensurabilidade entre a diagonal de um quadrado e seu lado não ocorre nem pode começar a ocorrer. Se o fim é possível, o começo também o é, porque todas as coisas que ocorrem têm um começo. Se algo se produz posteriormente em essência ou geração, então aquilo que é anterior também se produz. Assim, se produz um homem, se produz um menino, já que o menino vem primeiro em ordem de geração; e se produz um menino, se produz um homem, pois o homem também vem primeiro. Assim, são possíveis as coisas que naturalmente amamos ou desejamos, porque ninguém, via de regra, ama ou deseja o impossível. Tudo quanto é objeto de qualquer tipo de ciência ou arte é possível e existe ou vem a existir. É possível tudo quanto o princípio de produção depende de nosso poder de compelir ou persuadir outros a fazer, seja por nossa superioridade, nosso controle sobre eles ou nossa amizade com eles. Sendo as partes possíveis, o todo será possível; e sendo o todo possível, as partes geralmente serão possíveis, porque, se a fenda frontal, a biqueira e a cobertura em couro podem ser feitas, então sapatos podem ser feitos; e se sapatos o podem, tanto também a fenda frontal e a biqueira. Se um gênero inteiro é possível, então a espécie também o é; e se a espécie pode ocorrer, então o gênero também pode. Assim, se uma embarcação à vela pode ser construída, então também pode ser construído um trirreme; e se este pode ser construído, então uma embarcação à vela também pode. Quando duas coisas dependem uma da outra para existir, se a existência de uma é possível, então a da outra também o é; por exemplo, se há "dobro", há "metade", e se há "metade", há "dobro". Se uma coisa pode ser produzida sem arte ou preparação, ela pode ser produzida ainda mais certamente pela aplicação cuidadosa da arte. Por esse motivo, disse Agaton:

Algumas coisas precisamos alcançar pela arte,

Outras obtemos pelo destino ou pela sorte.

Se algo é possível para pessoas inferiores, mais fracas e mais estúpidas, será ainda mais para seus opostos; assim Isócrates disse que seria estranho se ele não pudesse descobrir algo que já Eutino houvesse descoberto. Quanto à Impossibilidade, pode-se claramente obtê-la tomando os contrários dos argumentos citados.

Questões relativas a Fatos Passados podem ser vistas da seguinte maneira: primeiro, se a menos provável de duas coisas ocorreu, a mais provável também deve ter ocorrido. Se uma coisa que geralmente sucede outra aconteceu, então a outra também aconteceu; por exemplo, se um homem esqueceu um assunto, ele também o aprendeu uma vez. Tendo um homem poder e desejo de fazer algo, ele o fez, pois todo mundo faz o que pretende sempre que pode e nada haja para impedi-lo. Além disso, ele realizou aquilo que pretendia e nada de externo o impediu; ou tinha o poder de fazê-lo e estava com raiva no momento; ou tinha o poder de fazê-lo e levava isso em seu coração – porque as pessoas, via de regra, fazem aquilo que desejam sempre que podem; as pessoas más, por falta de autocontrole, e as pessoas boas, porque têm em seu coração determinação pelo que é bom. Além disso, se uma coisa "ia acontecer", ela aconteceu; se um homem estava "indo fazer algo" ele o fez, pois é provável que a intenção tenha sido levada a termo. Se ocorreu algo que naturalmente ocorre antes de outra coisa ou com vista a ela, a outra ocorreu; por exemplo, se houve relâmpago, também trovejou; e se uma ação foi tentada, ela foi cometida. Se sucedeu algo que naturalmente ocorre após outra coisa ou em decorrência dela, a outra (aquilo que vem primeiro, ou a partir da qual a outra decorre) também se sucedeu; por exemplo, se trovejou, houve um relâmpago; e se um ato foi cometido, ele foi tentado. De todas essas sequências, algumas são inevitáveis e outras meramente corriqueiras. Os argumentos para a não ocorrência de qualquer coisa podem, obviamente, ser encontrados considerando-se os opostos dos aqui mencionados.

Está claro que as questões relativas a Fatos Futuros devem ser discutidas com base nas mesmas considerações: que uma coisa será feita se houver tanto o poder quanto o desejo de fazê-la; ou se, aliado ao poder de fazê-la, houver desejo pelo seu resultado, ou raiva, ou cálculo, que incitem à ação. A coisa será feita, nesses casos, se o homem estiver realmente se empenhando nisso, ou mesmo se pretende fazê-la mais tarde, pois, em geral, acontece aquilo que pretendemos fazer em vez do que não pretendemos. Uma coisa acontecerá se outra coisa que acontece naturalmente antes dela já tiver acontecido; assim, se estiver nublado, é provável que chova. Se os meios para um fim ocorreram, então o fim provavelmente ocorrerá; assim, se houver uma fundação, haverá uma casa.

Em relação à Grandeza e Pequenez das coisas, ao superior e inferior, e, de modo geral, a coisas grandes e pequenas, o que já dissemos mostrará a linha a se tomar. Ao discutir a oratória deliberativa, tratamos da grandeza relativa de vários bens, e sobre o superior e o inferior em geral. Uma vez que, portanto, em cada tipo de oratória, o objeto em discussão é algum tipo de vantagem – seja utilidade, nobreza ou justiça – fica claro que todo orador poderá obter os materiais de amplificação por meio de tais canais. Ir além disso e tentar estabelecer leis abstratas de grandeza e superioridade é argumentar sem objeto; na prática, fatos particulares contam mais do que generalizações.

Suficiente foi dito sobre tais questões de possibilidade e seu inverso, de fatos passados ou futuros, e da relativa grandeza ou pequenez das coisas.

20

Tendo discutido as formas especiais de argumento oratório, trataremos, a seguir, daquelas que são comuns a todos os tipos de oratória. Seus dois tipos principais são "Exemplo" e "Entimema", haja vista que a "Máxima" é parte de um entimema.

Primeiro, trataremos do Exemplo, porque ele tem a mesma natureza da indução, que é o fundamento do raciocínio. Tal forma de argumento tem duas variedades: uma consiste na menção de fatos passados reais, a outra na invenção de fatos pelo orador. Da última, por sua vez, há duas variedades, a parábola e a fábula (por exemplo, as fábulas de Esopo, ou as líbias). Como exemplo da menção de fatos reais, tome-se o seguinte: o orador pode argumentar "Devemos nos preparar para a guerra contra o rei da Pérsia e não o deixar subjugar o Egito, porque Dario, o antigo, não cruzou o Egeu até que ele tivesse tomado o Egito; mas o tendo tomado, assim o fez. E Xerxes, por sua vez, não nos atacou até que ele tivesse tomado o Egito; mas o tendo tomado, ele o fez. Se, portanto, o rei atual tomar o Egito, ele igualmente o fará, e, portanto, não devemos permiti-lo". A parábola é o tipo de argumento que Sócrates utilizava: por exemplo, "Os funcionários públicos não devem ser selecionados por sorteio. Isso é como usar o sorteio para selecionar atletas, em vez de escolher aqueles aptos para a competição; ou usar o sorteio para selecionar um timoneiro dentre a tripulação de um navio, como se devêssemos escolher o homem sobre quem o sorteio recai, e não o homem com maior conhecimento".

Entre exemplos da fábula temos a de Estesícoro a respeito de Fálaris, e a de Esopo em defesa do líder popular. Quando o povo de Himera fez de Fálaris um ditador militar e estava prestes a dar-lhe um guarda-costas, Estesícoro encerrou uma longa conversa contando-lhes a fábula do cavalo que tinha um campo só para ele. Logo veio um veado e começou a estragar seu pasto. O cavalo, desejando vingar-se do veado, perguntou a um homem se poderia ajudá-lo a fazer isso. O homem disse: "Sim, desde que me permita vestir-lhe os arreios e montá-lo empunhando com dardos". O cavalo concordou, e o homem o montou; mas em vez de se vingar do veado, o cavalo se viu escravo do homem. "O mesmo se aplica a vocês", disse Estesícoro, "tenham cuidado para em que seu desejo de vingança contra seus inimigos não acabem com o mesmo destino do cavalo. Ao fazer de Fálaris um ditador militar, vocês já permitiram que ele lhes vestisse os arreios. Se permitirem que monte em suas costas, dando-lhe um guarda-costas, a partir de então serão seus escravos".

Esopo, defendendo um líder popular que estava sendo julgado por crime capital diante da assembleia em Samos, contou a seguinte história: uma raposa, ao cruzar um rio, foi arrastada para um buraco entre as rochas; e, não conseguindo sair, sofreu misérias por um longo tempo devido ao enxame de pulgas que a atacou. Um ouriço, que vagava pelos arredores, notou a raposa e, sentindo pena dela, perguntou se poderia remover suas pulgas. Mas a raposa recusou a oferta e, quando o ouriço perguntou por que, ela respondeu: "Essas pulgas estão fartas e já não sugam muito sangue; se você as retirar, outras virão com novos apetites e beberão todo o sangue que me resta". "Então, homens de Samos", disse Esopo, "meu cliente já não fará mal a vocês, visto que já é rico. Mas, se vocês o matarem, outros que não são ricos virão, e desviarão completamente seu tesouro público".

As fábulas são adequadas para discursos em assembleias populares; e têm uma vantagem: são comparativamente fáceis de inventar, enquanto é difícil encontrar paralelos entre eventos passados reais. Tais paralelos se estruturarão do mesmo modo que as parábolas; você precisa somente ser capaz de pensar sua analogia, e tal capacidade se desenvolve por meio de treinamento intelectual. Embora seja mais fácil, porém, produzir paralelos inventando-se fábulas, é mais valioso para o orador político fornecê-los pelo relato do que realmente aconteceu, já que o futuro será, na maioria dos aspectos, como o passado.

Quando não formos capazes de argumentar utilizando entimemas, devemos tentar demonstrar nosso ponto pelo método do Exemplo e convencer nossos ouvintes por meio deles. Se pudermos utilizar entimemas em nossa argumentação, devemos usar nossos Exemplos como evidência suplementar subsequente. Eles não devem preceder os entimemas: isso dará ao argumento um ar indutivo, que raramente se adequa às condições discursivas. Se os entimemas foram seguidos, terão o efeito de prestar evidências com as testemunhas, e isso sempre produz resultados. Pela mesma razão, se você colocar seus exemplos primeiro, precisará de um grande número deles; se colocá-los por último, um único será suficiente; uma única testemunha servirá se for boa. Ficou declarado, desse modo, quantas variedades de argumento por Exemplos existem, e como e quando estes devem ser empregados.

21

Voltemo-nos, agora para o uso das Máximas, a fim de determinar sobre quais assuntos, em quais ocasiões, e para que tipo de orador, elas servirão apropriadamente como parte de um discurso. Isso ficará mais claro quando tivermos definido o que é máxima. Ela é uma asserção; não quanto a um fato particular, como o caráter de Ifícrates, mas de um tipo geral; tampouco se refere a todo e qualquer assunto – por exemplo, "reto é o contrário de curvo" não é uma máxima –, mas tão somente sobre questões de conduta prática, cursos de conduta a serem escolhidos ou evitados. Agora, um entimema é um silogismo que lida com tais assuntos práticos. Portanto, é aproximadamente verdade que as premissas ou conclusões que formam os entimemas, consideradas separadamente do restante do argumento, são Máximas. Por exemplo:

O homem perspicaz jamais deve

Dar a seus filhos sabedoria maior que a de seus companheiros.

Aqui temos uma Máxima; adicione-se a ela a razão ou explicação, e a coisa torna-se um entimema. Assim:

Isso os torna ociosos; e com isso recebem

Malgrado e inveja por toda a cidade.

Também são máximas:

Não há homem que em tudo seja próspero.

e

Não há homem, entre nós, completamente livre.

Contudo, a última torna-se um entimema, se tomada com a seguinte afirmação:

Afinal todos são escravos do dinheiro ou do acaso.

Com base nessa definição de máxima, segue-se que existem quatro tipos delas. Em primeiro lugar, a máxima pode ou não ter um suplemento. Faz-se necessária prova quando a asserção é paradoxal ou duvidosa; nenhum suplemento é necessário quando a asserção não contém paradoxo algum, seja porque o ponto de vista expresso já é uma verdade conhecida, como em

A maior das bênçãos para um homem é, me parece, a saúde,

dado que esta é a opinião geral, seja porque, assim que o ponto de vista é declarado, torna-se imediatamente claro, por exemplo:

Não há amor verdadeiro, exceto o que ama para sempre.

Das Máximas acompanhadas por um suplemento, algumas são parte de um entimema, como:

O homem perspicaz jamais deve...

Outras têm o caráter essencial de entimemas, sem que faça parte deles; essas últimas são consideradas as melhores e são aquelas em que a razão para o que se afirma está simplesmente implícita, por exemplo:

Ó homem mortal, não alimente a ira imortal.

Dizer "não é certo nutrir a ira imortal" é uma máxima; ao acrescentar as palavras "homem mortal" está dada a razão. O mesmo ocorre com as palavras:

Criaturas mortais devem nutrir pensamentos mortais, e não imortais.

O que foi dito mostrou os tipos de Máximas que existem, bem como para quais assuntos cada um é apropriado. Elas não devem ser feitas sem suplemento quando expressarem visões duvidosas ou paradoxais. Devemos, nesses casos, adicionar primeiro o suplemento e fazer da conclusão uma máxima. Pode-se dizer, por exemplo, "Da minha parte, uma vez que tanto a impopularidade quanto a ociosidade são indesejáveis, afirmo que é melhor não ser instruído"; ou pode-se primeiro dizer isto, e então adicionar a oração anterior. Sempre que uma declaração, que não seja paradoxal, não for obviamente verdadeira, a razão deve ser adicionada o mais concisamente possível. Em tais casos, tanto ditados lacônicos quanto enigmáticos são adequados. Assim, pode-se dizer o mesmo que disse Estesícoro aos lócrios: "É melhor evitar a insolência, para que as cigarras não acabem por cantar ao chão".

O uso de Máximas é apropriado apenas para os velhos, e quando o orador é experiente nos assuntos tratados. Para um jovem, usá-las é – assim como contar histórias – impróprio. Fazer uso delas ao tratar de coisas nas quais não se tem experiência é tolo e mal-educado – prova disso está na predileção dos camponeses por criar máximas, e sua prontidão para proferi-las.

Declarar como universalmente verdadeiro aquilo que não o é será mais apropriado quando instigamos sentimentos de horror e indignação em nossos ouvintes; especialmente em forma de prefácio, ou depois de terem sido provados os fatos. Até mesmo máximas banais e comuns devem ser usadas, se elas se adequarem ao propósito do orador – pelo simples fato de serem comuns, todos parecem concordar com elas e, assim, são tomadas como verdade. Dessa forma, qualquer um que esteja convocando seus homens a arriscar-se em combate sem obter presságios favoráveis pode citar:

O melhor presságio é lutarmos por nossa pátria.

Ou, se está chamando-os a atacar uma força mais forte:

O Deus da Guerra não demonstra favoritismo.

Ou, se ele está incitando as pessoas a exterminar os inocentes filhos de seus inimigos:

Tolo é aquele que mata o pai e deixa seus filhos para vingá-lo.

Certos provérbios funcionam também como máximas, por exemplo, o provérbio "Um vizinho ático". Não é necessário evitar proferir máximas que contradigam ditados que se tornaram de domínio público (refiro-me a ditados como "conhece-te a ti mesmo" e "nada em demasia") caso isso eleve a opinião dos ouvintes sobre seu caráter, ou transmita um efeito de forte emoção. Por exemplo, um orador colérico pode muito bem dizer "Não é verdade que devemos conhecer a nós mesmos, pois, tivesse este homem conhecido a si, jamais se consideraria apto para comandar um exército". Nosso caráter será favorecido aos olhos de outros ao dizermos, por exemplo, "Não devemos seguir o ditado que nos ordena tratar nossos amigos como futuros inimigos; fazemos muito melhor em tratar nossos inimigos como futuros amigos". O propósito moral deve estar parcialmente implícito na própria formulação da máxima. Na falta disso, acrescentamos nossa razão. Por exemplo, tendo dito "Devemos tratar nossos amigos, não como aconselha o ditado, mas como se sempre continuassem a ser nossos amigos", devemos acrescentar "pois o oposto disso é o comportamento de um traidor"; ou poderíamos dizer "Desaprovo tal ditado. Um verdadeiro amigo tratará os seus como se fossem eternamente amigos". Do mesmo modo, "Tampouco aprovo o ditado 'nada em excesso', visto que aos homens maus devemos odiar excessivamente". Uma grande vantagem das Máximas para um orador recai sobre a falta de inteligência de seus ouvintes, os quais apreciam ouvi-lo expressar como verdade universal suas próprias opiniões sobre determinada questão. Elucidarei o significado disso, indicando, ao mesmo tempo, como perseguir as máximas necessárias. A máxima, como dissemos, é uma asserção universal e as pessoas apreciam ouvir declarado em termos gerais aquilo que em particular já acreditam. Por exemplo, caso um homem tenha vizinhos ou filhos maus, concordará com qualquer um que lhe diga "Nada é mais irritante do que ter vizinhos" ou "Nada é mais insensato do que ter filhos". É papel do orador, portanto, atinar quais são os assuntos e que tipo de ideia seus ouvintes fazem destes para que possa expressar, como verdades universais, essas mesmas opiniões sobre esses mesmos assuntos. Está aí uma vantagem de usar máximas. Há outra mais importante que consiste no fato de conferirem caráter moral ao discurso. Há caráter moral em todo discurso cujo propósito moral é manifesto. É verdade que as máximas sempre produzem esse efeito, porque ao expressá-las fazemos o equivalente a uma declaração geral de princípios morais. Sendo assim, se as máximas de um orador são consistentes, ele será visto como um homem de caráter moral consistente. Isso é suficiente em relação à Máxima – natureza, variedades, uso adequado e vantagens.

22

Chegamos assim aos entimemas, e começaremos o assunto com uma consideração geral acerca da maneira adequada de buscá-los, para, então, nos voltarmos para a questão distinta que se refere às linhas de argumentação a serem incorporadas a eles. Já apontamos em que sentidos o entimema é o mesmo que silogismo. Verificamos, também, as diferenças entre ele e o silogismo da dialética. Assim, não devemos aprofundar demasiadamente seu raciocínio, ou a extensão de nosso argumento causará obscuridade; tampouco devemos pormenorizar os passos que levam à nossa conclusão, ou desperdiçaremos palavras com aquilo que é manifesto. Essa simplicidade é o que faz com que os incultos sejam mais eficazes do que os mais instruídos ao se dirigirem a audiências populares – os faz, como dizem os poetas, "encantar os ouvidos da multidão mais delicadamente". Homens instruídos estabelecem princípios gerais amplos; homens incultos argumentam com base no conhecimento comum e tiram conclusões óbvias. Não devemos, portanto, ter como ponto de partida toda e qualquer opinião aceita, e sim apenas as que temos bem definidas – aquelas que forem aceitas por nossos juízes ou por aqueles cuja autoridade reconhecem. Além disso, não convém que nenhum, ou quase nenhum, de nossos juízes duvide de que as opiniões apresentadas realmente são desse tipo. Devemos embasar nossos argumentos tanto em probabilidades como em certezas.

A primeira coisa que precisamos lembrar é isto: quer nosso argumento refira-se a assuntos públicos ou de outro tipo, precisamos conhecer alguns, se não todos, os fatos acerca do assunto sobre o qual vamos discursar e argumentar. Caso contrário, não teremos material para construir nossos argumentos. Digo, por exemplo, como aconselhar os atenienses a ir ou não à guerra, quando se desconhece sua força, se ela é naval, militar, ou ambas, e quão grande é; de que recursos financeiros dispõem; quais são seus amigos e inimigos; quais guerras travaram e com que sucesso; e assim por diante. Ou como se pode louvá-los se nada se sabe a respeito da batalha naval em Salamina, ou a batalha de Maratona, ou de seus feitos em defesa dos Heraclidas, ou quaisquer outros fatos como esses. Todo elogio é baseado em atos nobres, reais ou imaginários, que são creditados aos elogiados. Seguindo o mesmo princípio, as censuras são baseadas em fatos do tipo oposto; o orador investiga os atos, reais ou imaginários, repreensíveis daqueles que está atacando, como a traição à causa da liberdade helênica, ou a escravidão de seus valentes aliados contra os bárbaros (Egina, Potideia etc.), ou quaisquer outros delitos desse tipo de que se tenha registro. O mesmo passa em um tribunal: quer estejamos processando ou defendendo, devemos prestar atenção aos fatos existentes em relação ao caso. Não faz diferença se o assunto tratado são lacedemônios ou atenienses, um homem ou um deus; deve-se proceder do mesmo modo. Suponha que seja Aquiles a quem devemos aconselhar, elogiar ou censurar, acusar ou defender. Devemos tomar os fatos, reais ou imaginários. Tais devem ser nosso material, quer para elogiá-lo ou censurá-lo por atos nobres ou vis que realizou, quer para acusá-lo ou defendê-lo pelo tratamento justo ou injusto dispensado a outros, ou, ainda, para aconselhá-lo sobre o que é ou não do seu interesse. Isso se aplica a qualquer assunto. Assim, para estabelecer se a justiça é ou não um bem, devemos começar pelos fatos reais sobre justiça e bondade. Nota-se, portanto, que essa é a única maneira pela qual alguém prova qualquer coisa, sejam seus argumentos estritamente convincentes ou não. Os únicos fatos que lhe podem servir de base são aqueles que têm relação com o assunto em questão. Está claro, ainda que essa é a única forma de provar-se algo por meio do discurso. Consequentemente, tal qual vimos nos *Tópicos*, em primeiro lugar precisamos ter conosco uma seleção de argumentos acerca das questões que podem surgir e que nos são adequadas. Então, devemos atinar com argumentos similares, que atendam às necessidades especiais, à medida que elas surgem – não de forma vaga e indefinida, mas tendo em vista os fatos reais relativos ao assunto sobre o qual falamos e reunindo o máximo possível de fatos que estabeleçam relação próxima com tal assunto, pois, quanto mais fatos reais tivermos em nosso comando, mais facilmente provaremos nosso caso e, quanto mais próximos do assunto, mais parecerão pertencer ao discurso, em vez de se assemelhar a lugares-comuns. Por "lugar-comum" quero dizer, por exemplo, elogiar Aquiles porque ele é um ser humano ou um semideus, ou porque se juntou à expedição contra Troia – essas coisas são verdadeiras para muitos outros, de modo que esse tipo de elogio não se aplica melhor a Aquiles do que a Diomedes. São necessários, aqui, aqueles fatos especiais que se aplicam somente a Aquiles, tal como o fato de que ele matou Heitor, o mais bravo dos troianos, e Cicno, o invulnerável, ou que impediu que todos os gregos desembarcassem de uma vez, e, ainda, que ele foi o homem mais jovem a se juntar à expedição, sendo que não estava obrigado, por juramento, a fazê-lo, e assim por diante.

Temos, portanto, nosso primeiro princípio de seleção de entimemas – o qual se relaciona às linhas de argumentação selecionadas. Consideraremos agora as diversas classes elementares de entimemas. (Por uma "classe elementar" de entimema, refiro-me a uma "linha de argumentação".) Devemos, pois, começar observando que há dois tipos de entimemas. Um que prova uma proposição afirmativa ou negativa; outro que a refuta. A diferença entre os dois é a mesma que temos entre a prova e a refutação silogística na dialética. O entimema demonstrativo é formado pela combinação de proposições compatíveis entre si; o refutativo, pela junção de proposições incompatíveis.

Pode-se dizer que já temos em nossas mãos as linhas de argumentação referentes aos diversos assuntos especiais que podem vir a ser úteis ou necessários, uma vez selecionadas as proposições adequadas aos vários casos. De fato, já discutimos as linhas de argumentação aplicáveis a entimemas sobre o bem e o mal, o nobre e o vil, a justiça e a injustiça, bem como os que se adequam aos tipos de caráter, emoções e qualidades morais. Apropriemo-nos, agora, de determinados fatos sobre o tópico em questão, considerando-os de um ponto de vista diferente e mais geral. No decorrer de nossa discussão, observaremos a distinção entre linhas de prova e de refutação, bem como daquelas linhas de argumentação usadas em entimemas espúrios – aqueles que não representam silogismos válidos. Esclarecendo esse ponto, prosseguiremos à classificação de Objeções e Refutações, mostrando como podem ser aplicadas aos entimemas.

23

1. Uma das linhas positivas de prova baseia-se na consideração dos opostos. Observa-se se tal oposto carrega a qualidade oposta. Em caso negativo, a proposição original é refutável; em caso positivo, é demonstrável. Por exemplo, "A temperança é benéfica, porque o descomedimento é prejudicial". Ou, como no discurso messeniano, "Se a guerra é a causa de nossos problemas atuais, a paz é o que precisamos para recompor-nos"; ou:

Pois, se nem mesmo os que nos causaram mal deveriam
Irritar-nos quando não tinham intenção de fazê-lo,
Tampouco devemos gratidão àqueles
Que foram coagidos a nos fazer o bem.

Ou:

Uma vez que neste mundo pode-se vir a crer em mentirosos,
É certo também o oposto – que este mundo
Ouve muitas palavras verdadeiras nas quais não acredita.

2. Outra linha de prova pode ser obtida considerando-se alguma variação da palavra-chave e verificando se o mesmo que se aplica a uma coisa se aplica à outra. Por exemplo, "justo" nem sempre significa "benéfico", se assim fosse, "justamente" sempre significaria "beneficamente", entretanto não é desejável ser justamente condenado à morte.

3. Outra linha de prova baseia-se em ideias correlativas. Se é verdade que um homem dispensa a outro tratamento nobre ou justo, argumenta-se que o outro deve ter recebido tratamento nobre ou

justo; ou que, sendo correto comandar obediência, deve ser correto obedecer ao comando. Por isso, Diomedonte, o coletor de impostos, disse sobre estes: "Se não é uma vergonha que vós os cedam, não é uma vergonha que nós os tomemos". Além disso, se uma ação é "boa" ou "justa" para quem a recebe, argumenta-se que o mesmo é verdade para seu autor. Contudo, pode-se tirar uma falsa conclusão. Pode ser justo que A seja tratado de certa maneira e, ainda assim, não ser justo ser tratado dessa maneira por B. Portanto, deve-se fazer duas perguntas distintas: *(1)* É certo que A seja tratado dessa maneira? *(2)* É certo que B o trate dessa maneira? e aplicar seus resultados corretamente, dependendo se as respostas são sim ou não. Às vezes, em determinado caso, as duas respostas diferem; nesse caso, pode-se facilmente posicionar-se como Alcméon de Teodectes:

E não havia ninguém que odiasse o crime de tua mãe?

a qual pergunta Alcméon responde,

Ora, há duas coisas para ponderar aqui.

E quando Alfesibeia questiona o que quis dizer, ele responde:

Julgou-se que era ela digna de morrer, não eu de matá-la.

Do mesmo modo, pode-se mencionar o processo de Demóstenes e dos homens que mataram Nicanor; uma vez que se julgou terem-no matado justamente, sua morte foi considerada justa. Há ainda o caso do homem que foi morto em Tebas; foi solicitado que os juízes decidissem se sua morte havia sido injusta, caso não fosse, argumentava-se que não poderia ter sido injusto matá-lo.

4. Outra linha de prova é o *a fortiori*. Pode-se argumentar, assim, que se nem mesmo os deuses tudo sabem, certamente os seres humanos não o fazem. O princípio aqui é que, se uma qualidade não existe de fato onde é mais provável que exista, ela certamente não existirá onde é menos provável. De forma semelhante, o argumento de que um homem que bate em seu pai também bate em seus vizinhos segue o princípio de que, se a coisa menos provável é verdadeira, a mais provável também o é, porque é menos provável alguém bater em seu pai do que em seus vizinhos. O argumento, então, pode seguir esse raciocínio. Pode-se argumentar ou

que, se uma coisa não é verdadeira onde é mais provável, tampouco o é onde é menos provável; ou que, se é verdadeira onde é menos provável, também o é onde é mais provável, dependendo se temos de mostrar aquilo como sendo ou não verdade. Tal argumento pode ser usado, ainda, em um caso de paridade, como nos versos:

Tens pena de teu pai, que perdeu seus filhos
Mas nenhuma de Eneu, cujo bravo filho está morto?

Do mesmo modo, "se nada fez Teseu de errado, tampouco o fez Páris"; ou "se nada de errado fizeram os filhos de Tíndaro, tampouco o fez Páris"; ou "se Heitor agiu bem ao matar Pátroclo, Páris agiu bem em matar Aquiles". Além disso, "Se outros seguidores de artes não são maus, tampouco o são os filósofos". E "Se os generais não são homens maus ainda que frequentemente sejam condenados à morte, tampouco o são os sofistas". Bem como a observação de que "Se cabe a cada indivíduo cuidar da reputação de sua própria cidade, cabe a todos pensar na reputação da Grécia como um todo".

5. Outra linha de argumentação baseia-se em considerações de tempo. Assim, Ifícrates, no caso contra Harmódio, disse: "Tivesse eu requisitado uma estátua por meu feito antes de realizá-lo, terias me dado uma. Não me darás uma agora que o realizei? Não se deve fazer promessas quando se espera que algo seja feito por si, e recusar-se a cumpri-las após sua realização". Assim, também, para induzir os tebanos a deixarem Filipe cruzar seu território em direção a Ática, argumentou-se que "Se ele assim tivesse insistido antes de ajudá-los contra os fócios, eles teriam prometido fazê-lo. É monstruoso, portanto, que por ter desperdiçado tal oportunidade e confiado em sua honra, eles não o deixem passar agora".

6. Outra linha consiste em aplicar ao outro orador o que foi dito contra si. Essa é uma excelente oportunidade para um debate, como pode ser visto no *Teucro*. Tal linha foi empregada por Ifícrates na resposta a Aristofonte. Perguntou ele: "Aceitarias tu um suborno para trair a frota?"; "Não", disse Aristofonte, ao que Ifícrates respondeu: "Muito bem: se tu, que és Aristofonte, não trairia a frota, eu, que sou Ifícrates, o faria?". Contudo, deve ser reconhecido de antemão que era

mais provável o outro homem cometer o crime em questão do que você. Caso contrário, você se tornará ridículo. Fosse Aristides processado, não seria possível falar-lhe desse modo. O propósito é desacreditar o promotor, que, via de regra, faria seu caráter parecer superior ao do réu, uma pretensão que é desejável perturbar. Mas o uso de tal argumento é, em todos os casos, ridículo se você estiver atacando os outros por algo que você faz ou faria, ou se estiver incitando os outros a fazer o que você não faz nem faria.

7. Outra linha de prova produz-se por meio da definição de termos. Assim, "O que é o sobrenatural? Certamente é um deus ou a obra de um deus. Bem, qualquer um que acredite que a obra de um deus existe, não pode deixar de acreditar que também os deuses existam". Ou, então, tomemos o argumento de Ifícrates: "A bondade é a verdadeira nobreza. Nem Harmódio nem Aristógito possuíam qualquer nobreza antes de sua nobre ação". Ao que prossegue argumentar assemelhar-se mais a Harmódio e Aristógito do que seu oponente: "Minhas ações são mais parecidas às de Harmódio e Aristógito do que as tuas". Outro exemplo pode ser encontrado em *Alexandre*: "Todos hão de concordar que por pessoas incontinentes referimo-nos àquelas que não se satisfazem com o gozo de um único amor". Ainda outro exemplo pode ser encontrado na razão dada por Sócrates para não comparecer à corte de Arquelau. Ele disse: "Ofende-se alguém por se ver incapaz de retribuir benefícios tanto quanto por se ver incapaz de retribuir injúrias". Todas as pessoas mencionadas definem e chegam à essência de certo termo, para, então, utilizar-se dele ao raciocinar sobre o ponto em questão.

8. Outra linha de argumentação se vale dos vários sentidos de uma palavra. Tal palavra deve ser "corretamente" aplicada, como explicado nos *Tópicos*.

9. Outra linha baseia-se na divisão lógica. Assim, "Todos os homens agem errado por um dos três motivos a seguir: A, B ou C. No meu caso, A e B estão fora de questão, e nem mesmo os acusadores alegam C".

10. Outra linha é baseada na indução. Assim, com base no caso da mulher de Pepareto, pode-se argumentar que são as mulheres que melhor podem esclarecer os fatos sobre seus filhos. Outro exemplo

disso ocorreu em Atenas, entre o orador Mântias e seu filho, quando a mãe do menino revelou os fatos verdadeiros. Outro, em Tebas, entre Ismênias e Etílbon, quando Dodona provou que Ismênias era o pai de seu filho Tessálico, tendo ele sido, em consequência, reconhecido como tal a partir de então. Outro exemplo de indução pode ser retirado da Lei de Teodectes: "Se não entregamos nossos cavalos aos cuidados de quem maltratara os cavalos alheios, tampouco entregamos nossos navios àqueles que destruíram os navios alheios, e se o mesmo se aplica a todo o resto, então aos homens que falharam em garantir a segurança alheia não devemos entregar a nossa". Tem-se, ainda, outro exemplo no argumento de Alcidamante: "Todos honram os sábios". Dessa forma, os pários honraram Arquíloco, apesar de sua língua ferina; os quianos, Homero, embora não fosse seu conterrâneo; os mitileneanos, Safo, embora fosse uma mulher; os lacedemônios, de fato, fizeram de Quílon um membro de seu senado, embora sejam os menos literatos dentre dos homens; os italiotas honraram Pitágoras; os habitantes de Lâmpsaco deram sepultamento público a Anaxágoras, ainda que este fosse estrangeiro, e o honram até hoje. Pode-se argumentar que os povos governados por filósofos são sempre prósperos, com base no fato de que os atenienses prosperaram sob as leis de Sólon, assim como os lacedemônios sob as de Licurgo, enquanto Tebas, assim que sua liderança foi assumida por filósofos, começou a prosperar.

11. Outra linha de argumentação serve-se de uma decisão já pronunciada, seja sobre o mesmo assunto, outro semelhante ou contrário a ele. Tal prova é mais eficaz quando decidida por todos; ou, quando não por todos, ao menos pela maioria das pessoas; ou, se assim decidiram todos ou a maioria dos homens sábios ou bons, ou os juízes da presente questão, ou aqueles cuja autoridade estes aceitam, ou qualquer um cuja decisão não podem contestar por estarem sob seu total controle, ou aqueles a quem não é apropriado contestar, como os deuses, ou o pai, ou os professores de alguém. Dessa forma, ao atacar Mixidêmides, disse Áutocles que parecia estranho que as Temíveis Deusas pudessem, sem ferir sua dignidade, submeter-se ao julgamento do Areópago, e, no entanto, Mixidêmides não o pudesse. Ou, como disse Safo, "A morte é um mal. Assim a julgam os deuses, do contrário, morreriam". O mesmo

se observa, ainda, na resposta de Aristipo a Platão, quando julgou que este se expressava um tanto dogmaticamente demais: "Bem, de qualquer maneira, nosso amigo", referindo-se a Sócrates, "nunca se expressou de tal modo". Também Hegésipo, tendo previamente consultado Zeus em Olímpia, perguntou a Apolo em Delfos se sua opinião era a mesma que a de seu pai, sugerindo que seria vergonhoso que o contradissesse. Assim também Isócrates argumentou que Helena havia sido uma boa mulher, uma vez que assim pensava Teseu; e que Páris fora um bom homem, pois as deusas o escolheram antes de todos os outros; também Evágoras, diz Isócrates, era bom, porque quando Cónon encontrou seu infortúnio, recorreu a Evágoras antes de qualquer outro.

12. Outra linha de argumentação consiste em tomar separadamente as partes de um assunto. Tal é dado nos *Tópicos*: "Que tipo de movimento é a alma? Porque deve ser este ou aquele". *Sócrates*, de Teodectes, traz um exemplo: "Que templo profanou? Quais deuses reconhecidos pelo estado não honrou?".

13. Uma vez que as coisas normalmente produzem tanto boas quanto más consequências, outra linha de argumentação consiste em usar estas como justificativa para que algo deva ou não ser feito, para processar ou defender alguém, para elogio ou censura. Por exemplo, a educação leva tanto à impopularidade, que é ruim, quanto à sabedoria, que é boa. Daí, argumenta-se: "Portanto, não é bom ser educado, pois não é bom ser impopular"; ou responde-se: "Não. É bom ser educado, pois é bom ser sábio". A *Arte da retórica*, de Cálipo, é composta por essa linha de argumentação, além daquelas dadas pela Possibilidade e outras desse tipo já descritas.

14. Outra linha de argumentação é usada para incitar ou desencorajar algo que pode ser realizado de duas maneiras opostas, às quais se aplica o método mencionado anteriormente. A diferença entre esta e a linha anterior é que, enquanto naquela quaisquer duas coisas são contrastadas, aqui se trata de coisas opostas. Por exemplo, a sacerdotisa ordenou a seu filho que não falasse em público "Pois", disse ela, "se disser o que é certo, os homens o odiarão; se disser o que é errado, os deuses o odiarão". A resposta a isso pode ser: "Pelo contrário, você

deve falar em público, pois se disser o que é certo, os deuses o amarão; se disser o que é errado, os homens o amarão". Equivale a isso o provérbio "Comprar o charco com o sal". Exatamente esse tipo de situação, a saber, quando ambos os opostos têm tanto uma consequência boa como uma má, as quais são respectivamente opostas entre si, é o que denominamos divaricação[6].

15. Consiste, outra linha de argumentação, no seguinte: aquilo que se aprova publicamente não é o mesmo que o que se aprova secretamente. Publicamente, a justiça e a nobreza são as qualidades mais louvadas; entretanto, no coração dos homens prevalece sua própria vantagem. Diante disso, deve-se procurar estabelecer o ponto de vista que seu oponente não adotou. Essa é a melhor das formas de argumentação para contradizer a opinião pública.

16. Outra linha é a da correspondência proporcional. Por exemplo, Ifícrates, ao ver que tentavam obrigar seu filho, um jovem menor de idade, a desempenhar tarefas competentes ao estado por ser alto, disse: "Se considerarem meninos altos como homens, considerarão como meninos os homens baixos". E Teodectes, em sua lei, disse: "De mercenários, como Estrábax e Caridemo, você faz cidadãos como uma recompensa por seus méritos; não fará, pois, dos cidadãos que causaram danos irreparáveis junto de mercenários, exilados?".

17. Outra linha é o argumento de que dois resultados iguais implicam antecedentes iguais. Por exemplo, dizia Xenófanes que afirmar que os deuses tiveram nascimento é tão herético quanto afirmar que morreram, pois a consequência de ambas as declarações é que haja um tempo em que os deuses não existem. Tal linha de prova presume genericamente que o resultado de determinada coisa é sempre o mesmo: por exemplo, "Você vai decidir não sobre Isócrates, mas sobre o valor de toda a profissão de filosofia". Ou "dar terra e água" equivale à escravidão; ou "compartilhar a Paz Comum" implica obedecer a ordens. Devemos fazer tais suposições ou seu oposto, conforme melhor nos convier.

18. Outra linha de argumentação baseia-se no fato de que os homens, dada uma mesma situação, nem sempre fazem seguidamente a

(6) N.T.: Do *Dicionário Houaiss*, "divergência de opiniões".

mesma escolha, optando pelo oposto do que haviam escolhido antes. Por exemplo, no entimema "Quando no exílio, lutávamos para retornar; agora que retornamos, seria estranho escolher o exílio para não ter que lutar", em uma ocasião escolheram ser fiéis a seus lares ao custo de lutar, na outra, escolheram evitar lutar ao custo de abandonar seus lares.

19. Outra linha de argumentação consiste em afirmar que o motivo possível para dado evento ou estado de coisas é o real. Por exemplo, que um presente foi dado para causar dor ao ser tomado de volta. Essa noção fundamenta os versos:

Deus dá a muitos grande prosperidade,

Não para ser-lhes bom, mas para tornar

Mais notável a sua ruína.

Ou então, tomemos a seguinte passagem do *Meléagro* de Antifonte:

Não com intenção de matar um javali, mas sim testemunhar

A proeza de Meléagro na Grécia.

Ou, no *Ajax* de Teodectes, o argumento de que Diomedes haveria escolhido Odisseu não para honrá-lo, mas para que seu companheiro lhe fosse inferior – tal motivo é muito possível.

20. Outra linha de argumentação, comum à oratória forense e deliberativa, considera as induções e os impedimentos, tal qual os motivos para se fazer ou evitar as ações em questão. Tais condições nos compelem a agir quando nos beneficiam, e a nos abster de agir se nos forem contrárias, isto é, somos levados à ação quando esta é possível, fácil e útil para nós ou os nossos, ou quando é prejudicial aos nossos inimigos. Tal verdade se aplica ainda que resulte em perda, desde que esta seja superada por sólida vantagem. Um orador incitará a ação apontando para tais condições, e a desencorajará apontando para o oposto. Esses mesmos argumentos também formam os materiais para acusação ou defesa – os impedimentos sendo apontados pela defesa, e as induções, pela acusação. Quanto à defesa, esse tópico compõe toda a *Arte da retórica*, tanto de Pânfilo quanto de Cálipo.

21. Outra linha de argumentação se refere a coisas que supostamente acontecem ainda que pareçam inacreditáveis. Pode-se argumentar que

não seria possível crer nelas se não fossem verdadeiras ou quase verdadeiras; e até mesmo que estão mais propensas a serem verdadeiras exatamente por serem inacreditáveis, porque os homens acreditam em fatos ou probabilidades. Se, portanto, o que se acredita é improvável e até mesmo incrível, deve ser verdade, dado que certamente não se acredita por ser de todo provável ou crível. Um exemplo é o que disse Ândrocles, do demos[7] de Pithos, em sua conhecida acusação da lei. O público tentou silenciá-lo quando ele observou que as leis exigiam uma lei para corrigi-las. "Ora", continuou, "os peixes precisam de sal, por mais improvável e incrível que isso possa parecer para criaturas criadas em água salgada; e os bolos de azeitona levam azeite, ainda que pareça incrível que aquilo que produz óleo precise dele".

22. Outra linha de argumentação consiste em refutar o caso do oponente, observando quaisquer contrastes ou contradições de datas, atos ou palavras em que incorra a qualquer ponto. Isso faz-se com base em uma das três seguintes conexões: *(1)* referindo-se à conduta do oponente, por exemplo, "Ele afirma ser leal a ti, porém conspirou com os Trinta"; *(2)* referindo-se à nossa própria conduta, por exemplo, "Ele acusa-me de ser litigioso, mas não pode provar que estive envolvido em um único processo"; *(3)* referindo-se a ambos em conjunto, por exemplo, "Ele jamais emprestou um centavo a alguém, enquanto eu resgatei muitos dentre vós".

23. Outra linha, útil para pessoas e causas que foram ou aparentam ter sido difamadas, consiste em mostrar por que os fatos não são como se supôs, apontando que há uma razão para tal falsa impressão. Assim, uma mulher que havia empurrado seu filho para outra foi considerada amante do rapaz por tê-lo abraçado, mas, quando sua ação foi explicada, a acusação mostrou-se infundada. Outro exemplo pode ser visto no *Ajax*, de Teodectes, em que Odisseu conta a Ajax a razão pela qual, embora fosse, na verdade, mais corajoso do que ele, não era assim considerado.

24. Outra linha de argumentação baseia-se em mostrar que, estando a causa presente, o efeito estará presente, e estando ela ausente, este

(7) N.T.: "Demos", aqui, refere-se a uma subdivisão territorial de determinada região, equivalente a um cantão.

estará ausente. Afinal, ao provar a causa, imediatamente prova-se o efeito e, inversamente, nada pode existir sem sua causa. Assim, Trasíbulo acusou Leodamante de ter seu nome registrado como criminoso na laje da Acrópole, e de apagar o registro na época dos Trinta Tiranos, ao que Leodamante respondeu: "Impossível, pois os Trinta teriam confiado ainda mais em mim se minha desavença com os comuns estivesse inscrita na laje".

25. Outra linha visa considerar se a pessoa acusada pode ou poderia ter tomado um curso melhor do que aquele que está recomendando, ou que está tomando, ou que tomou. Se ela não tomou o melhor curso, é claro que ela não é culpada, já que ninguém escolhe deliberada e conscientemente o que é ruim. Tal argumento é, no entanto, falacioso, pois frequentemente fica evidente, após o evento, de quais modos a ação poderia ter sido mais bem executada, embora antes do evento isso estivesse longe de ser evidente.

26. Por outra linha tem-se que, quando uma ação contemplada é inconsistente com qualquer ação passada, cabe examinar ambas conjuntamente. Assim, quando o povo de Eleia perguntou a Xenófanes se deveriam ou não sacrificar Leucoteia e pranteá-la, ele os aconselhou a não pranteá-la se a considerassem uma deusa, e a não sacrificá-la caso a considerassem mortal.

27. Outra linha consiste em transformar erros passados nos fundamentos para a acusação ou defesa. Assim, na *Medeia*, de Cárcino, os acusadores alegam que Medeia matou seus filhos, pois "em nenhuma ocasião", dizem, "eles podem ser vistos" – Medeia cometeu o erro de mandar seus filhos para longe. Em sua defesa, ela argumenta que teria matado, não são seus filhos, mas Jasão, porque teria sido um erro de sua parte não cometer tal crime tendo cometido o outro. Essa linha especial de argumentação por entimema forma toda a Arte da Retórica em uso antes de Teodoro.

Outra linha baseia-se em extrair significados de nomes. Sófocles, por exemplo, diz:

Ó, levais aço no coração, como o levas no nome.[8]

Essa linha de argumentação é comum em louvores aos deuses. Do mesmo modo, Cónon chamou Trasíbulo de precipitado em conselho. E Heródico disse de Trasímaco: “És sempre ousado em batalha”; de Polo: “És sempre um potro”; e do legislador Draco, que suas leis não eram as de um ser humano, mas as de um dragão, tão selvagens eram elas. E, em *Eurípides*, Hécuba diz de Afrodite:

Teu nome e o de Loucura (Aphrosuns) principiam de forma ligeiramente semelhante.

E Quéremon escreve:

Penteu – um nome que prenuncia a dor (Penthos) que está por vir.

O entimema refutativo tem uma reputação maior do que o Demonstrativo, pois, em um pequeno espaço, elabora dois argumentos opostos, e, dispostos lado a lado, os argumentos tornam-se mais claros para o público. Entretanto, de todos os silogismos, sejam refutativos ou demonstrativos, os mais aplaudidos são aqueles cujas conclusões podemos prever desde o princípio, posto que não sejam óbvias à primeira vista, pois nossa capacidade de antecipação constitui parte de nosso prazer. Também são agradáveis os entimemas que acompanhamos bem o suficiente de forma que os compreendemos assim que a última palavra foi proferida.

24

Além de silogismos genuínos, pode haver silogismos que parecem genuínos, mas não o são; e, como um entimema é meramente um silogismo de um tipo particular, segue-se que, além de entimemas genuínos, pode haver aqueles que parecem genuínos, mas não o são.

1. Entre as linhas de argumentação que formam o entimema

(8) Supõe-se que tal passagem refere-se a um personagem cujo nome significa, ou traz entre seus possíveis significados “aço”. A ideia é que o nome próprio seja tomado em equivalência com o substantivo comum que o origina, tal como o nome Pedro está associado à “pedra”.

espúrio, a primeira é aquela que surge das palavras particulares empregadas em sua construção.

(a) Tal como na dialética, uma variedade ocorre quando, sem ter passado por nenhum processo de raciocínio, fazemos uma declaração final como se essa fosse a conclusão de tal processo, "Portanto, isto ou aquilo não é verdadeiro", "Portanto, também isto ou aquilo deve ser verdadeiro". Assim, também na retórica, uma declaração compacta e antitética faz as vezes de um entimema, tal linguagem sendo a fórmula apropriada do entimema, de modo que parece ser o tipo de formulação que causa a ilusão mencionada. Para produzir um efeito de raciocínio genuíno com base no tipo de formulação, é útil resumir os resultados de uma série de raciocínios anteriores, tal como "alguns ele salvou, outros ele vingou, os gregos ele libertou". Cada uma dessas declarações foi previamente provada com base em outros fatos; entretanto, seu mero arranjo dá a impressão de que daí se estabelece uma nova conclusão.

(b) Outra variedade é baseada no uso de palavras similares para expressar coisas diferentes. Por exemplo, o argumento de que o rato seja uma criatura nobre, uma vez que dá seu nome ao mais augusto de todos os ritos religiosos – pois tais são os Mistérios. Ou se pode mencionar, em um elogio ao cão, a estrela-cão, ou Pã, pois disse Píndaro:

Ó tu, bendito!

Tu a quem os do Olimpo chamam

O cão de múltiplas formas

Que segue a Mãe dos Céus.

Ou podemos argumentar que, porque há muita desgraça em não haver um cão por perto, há honra em ser um cão. Ou que Hermes é, entre todos, o deus mais pronto a comungar, dado que, somente em referência a ele é que dizemos "compartilha tudo". Ou que há excelência no discurso, já que não se diz que homens bons valem dinheiro, mas que são dignos de estima – a frase "digno de estima" também tem o significado de "digno de discursos".

2. Outra linha consiste em, do todo, afirmar o que há de verdade

nas partes, ou, das partes o que há de verdade no todo. Supõe-se que um todo e suas partes sejam idênticos, embora muitas vezes não sejam. Deve-se, desse modo, adotar qualquer dessas duas linhas que melhor se adapte ao seu propósito. É assim que Eutidemo argumenta, por exemplo, que qualquer um sabe que há um trirreme no Pireu, uma vez que ele conhece os detalhes separados que compõem essa declaração. Há também o argumento de que quem conhece as letras conhece a palavra inteira, uma vez que a palavra equivale ao conjunto das letras que a compõem; ou que, se uma porção dupla de certa coisa é prejudicial à saúde, então uma única porção não deve ser chamada de saudável, uma vez que é absurdo que o dobro do que é bom seja algo ruim. Posto dessa forma, o entimema é refutatório; e é demonstrativo se posto da seguinte forma: "Uma coisa boa não pode ser composta de duas ruins". Toda a linha de argumentação é falaciosa. Ademais, argumentou Polícrates que Trasíbulo havia abatido trinta tiranos, sendo que o orador os soma um a um. Ou como no *Orestes*, de Teodectes, em que o argumento vai da parte para o todo: "É certo que quem mata seu senhor deva morrer. É certo, também, que o filho deva vingar seu pai. E essas duas coisas são o que fez Orestes". Ainda assim, talvez as duas coisas, uma vez colocadas juntas, não formem um ato correto. Pode-se dizer, ainda, que a falácia decorre da omissão, visto que o orador falha em dizer por qual mão um assassino de marido deve morrer.

3. Outra linha implica o uso de linguagem indignada, seja para apoiar seu próprio caso ou para derrubar o do oponente. Fazemos isso ao pintar um quadro altamente colorido da situação sem ter provado seus fatos. Quando o réu assim o faz, ele produz uma impressão de inocência; se o promotor expressa-se exaltadamente, ele produz uma impressão da culpa do réu. Aqui não há entimema genuíno: o ouvinte infere culpa ou inocência, mas nenhuma prova é dada, e a inferência, por consequência, é falaciosa.

4. Outra linha baseia-se no uso de um "sinal", ou instância única, como evidência certa; o que, novamente, não produz prova válida. Assim, pode-se dizer que os amantes são úteis para seus países, já que

o amor de Harmódio e Aristógito causou a queda do tirano Hiparco. Ou, ainda, que Dionísio é um ladrão, uma vez que é um homem cruel – não há, é claro, nenhuma prova válida aqui; nem todo homem cruel é um ladrão, embora todo ladrão seja um homem cruel.

5. Outra linha representa aquilo que é incidental como essencial. Um exemplo é o que Polícrates diz dos ratos, que eles "vieram ao resgate" por terem roído as cordas do arco. Ou se pode sustentar que um convite para jantar é uma grande honra, pois foi por não ter sido convidado que Aquiles ficou "zangado" com os gregos em Tênedos. Na verdade, o que o irritou foi o insulto decorrente; foi mero incidente o insulto ter tomado essa forma.

6. Outra é o argumento que parte da consequência. Em *Alexandre*, por exemplo, argumenta-se que Páris deveria ser um tipo altivo, visto que desprezava a sociedade e vivia sozinho no Monte Ida. Afinal, pessoas altivas agem assim; por consequência, Páris também, supõe-se, tinha uma alma altiva. Ou, se um homem se veste de acordo com a moda e perambula à noite, ele é um libertino, dado que os libertinos assim se comportam. Outro argumento semelhante aponta que mendigos cantam e dançam em templos, e que exilados podem viver onde querem, e que tais são privilégios dos que consideramos felizes, assim, portanto, todos os que ao menos tiverem acesso a tais privilégios podem ser considerados felizes. O que importa, entretanto, são as circunstâncias sob as quais esses privilégios são desfrutados. Assim, também, essa linha se enquadra no grupo das falácias por omissão.

7. Outra linha consiste em representar como causas aquilo que não o é, com base no fato de que aconteceram com ou antes do evento em questão. Presume-se, pois, que, porque B acontece depois de A, acontece por causa de A. Os políticos gostam particularmente de adotar essa linha. Assim, Dêmades afirmava que a política de Demóstenes era a causa de todo o mal, "porque foi depois dela que ocorreu a guerra".

8. Outra linha consiste em omitir qualquer menção a tempo e circunstância. Um exemplo é o argumento de que era justo Páris levar Helena, porque seu pai a deixou livre para escolher. Aqui, a liberdade presumivelmente não era perpétua; ela só poderia se referir à sua

primeira escolha, além da qual a autoridade de seu pai não poderia ir. Ou, novamente, alguém poderia dizer que bater em um homem livre é um ato de ultraje gratuito; mas não é assim em todos os casos – mas apenas quando tal ato não é provocado.

9. Do mesmo modo, um falso silogismo pode, como em discussões "erísticas", ser baseado na confusão do absoluto com o que é, na verdade, particular. Na dialética, por exemplo, pode-se argumentar que o não ser é, com base no fato de que o é enquanto não ser; ou que o desconhecido pode ser conhecido, haja vista que pode ser conhecido como desconhecido. Do mesmo modo, na retórica, um falso entimema pode basear-se na confusão de uma probabilidade particular com uma absoluta. Agora, nenhuma probabilidade particular é universalmente provável. Como diz Agaton:

Poderia dizer-se que era provável isto:

Que coisas improváveis muitas vezes acontecem aos homens.

Uma vez que o que é improvável realmente acontece, é provável que coisas improváveis aconteçam. Isso posto, pode-se argumentar que "o que é improvável é provável". Contudo, isso não é uma verdade absoluta. Como, na erística, a farsa decorre de não se adicionar nenhuma oração especificando relação, ou referência, ou maneira. Desse modo, ela surge aqui porque a probabilidade em questão não é geral, mas específica. É dessa linha de argumentação que a *Arte da retórica*, de Córax, é composta. Se o acusado não dá ensejo à acusação – por exemplo, se um fraco for julgado por agressão violenta –, sua defesa é que é improvável que fizesse tal coisa. Mas se dá ensejo a ela – ou seja, se é um homem forte – a defesa ainda é que ele provavelmente não o faria, visto estar ciente de que outros pensariam que, de fato, assim tivesse agido. O mesmo vale para qualquer outra acusação: o acusado dá ou não ensejo a ela, havendo, em ambos os casos, uma aparência de provável inocência. Porém, enquanto no último caso a probabilidade é genuína, no primeiro ela só pode ser afirmada no sentido especial que mencionamos. Esse tipo de argumento ilustra o que significa fazer o pior argumento parecer o melhor. Assim, as pessoas estavam certas em se opor ao treinamento que Protágoras lhes ofereceu. Era uma fraude; sua probabilidade não era genuína, mas espúria, e tal não tem lugar em arte alguma, exceto na Retórica e na Erística.

25

Descreveu-se os entimemas, genuínos e aparentes; o assunto seguinte aborda sua Refutação. Um argumento pode ser refutado por um contrassilogismo ou levantando-se uma objeção. Está evidente que os contrassilogismos podem ser construídos com base nas mesmas linhas de argumentação que os silogismos originais, pois os materiais dos silogismos são as opiniões comuns dos homens, e tais opiniões frequentemente se contradizem. Objeções, como aparecem nos *Tópicos*, podem ser levantadas de quatro maneiras: seja atacando diretamente a declaração do seu oponente, ou apresentando outra semelhante, ou apresentando uma declaração contrária a ela, ou citando decisões anteriores.

1. Por "atacar a declaração do seu oponente" refiro-me, por exemplo, a isto: caso seu entimema afirme que o amor é sempre bom, a objeção pode ser apresentada de duas maneiras, seja fazendo a declaração geral de que "toda carência consiste em um mal", ou a asserção particular de que não se falaria em "amor cauniano[9]" se não houvesse tanto amores maus como bons.

2. Uma objeção "com base em uma declaração contrária" é levantada quando, por exemplo, o entimema do oponente, tendo concluído que um homem bom faz o bem a todos os seus amigos, objeta-se: "Isso não prova nada, pois um homem mau não faz o mal a todos os seus amigos".

3. Um exemplo de objeção "com base em uma declaração semelhante" verifica-se quando, tendo o entimema mostrado que os homens

(9) N.T.: Refere-se a Cauno. Há diversas versões de sua história, mas em todas ocorre alguma forma de amor incestuoso entre ele e a irmã.

maltratados sempre odeiam quem lhes maltratou, responde-se: "Isso não prova nada, pois os homens bem-tratados nem sempre amam aqueles que assim os trataram".

4. As "decisões" mencionadas são as que procedem de homens bem conhecidos. Por exemplo, se o entimema empregado concluiu que "tal concessão deveria ser feita aos infratores bêbados, uma vez que não sabiam o que estavam fazendo", a objeção será: "Pítaco, então, não merece aprovação, caso contrário este não teria prescrito penalidades especialmente severas para delitos ocasionados pela embriaguez".

Os entimemas baseiam-se em um ou outro dos quatro tipos de fatos alegados: *(1)* Probabilidades, *(2)* Exemplos, *(3)* Sinais Infalíveis, *(4)* Sinais Ordinários. *(1)* Entimemas baseados em Probabilidades são aqueles cujos argumentos apontam o que é, ou que se supõe ser, normalmente verdadeiro. *(2)* Entimemas baseados em Exemplos são os que procedem pela indução de um ou mais casos semelhantes, chegam a uma proposição geral e, então, de maneira dedutiva, inferem o particular. *(3)* Entimemas baseados em Sinais Infalíveis são aqueles cujos argumentos partem do inevitável e invariável. *(4)* Entimemas baseados em Sinais Ordinários são os que se estruturam com base em uma proposição universal ou particular, verdadeira ou falsa.

(1) Como uma Probabilidade é algo que acontece geralmente, mas não sempre, os entimemas fundamentados em Probabilidades podem, evidentemente, ser sempre refutados levantando-se uma objeção. A refutação nem sempre é genuína, pode ser espúria, pois consiste em mostrar, não que a premissa do seu oponente não é provável, mas que ela não é inevitavelmente verdadeira. Portanto, é sempre na defesa, e não na acusação, que é possível obter vantagem com o uso de tal falácia. O acusador usa probabilidades para provar seu caso; refutar uma conclusão como improvável não é o mesmo que refutá-la como não inevitável. Qualquer argumento baseado naquilo que acontece habitualmente está sempre aberto a objeções, caso contrário, não seria uma probabilidade, mas uma verdade invariável e elementar. Entretanto, se a refutação assume essa forma, os juízes não consideram provável o

caso do acusador, ou pensam que não devem deliberar a seu respeito – o que, como dissemos, é um raciocínio falso. Eles devem decidir considerando, não apenas o que deve ser verdade, mas também o que é provável que seja verdade. Este é, de fato, o significado de "dar um veredito de acordo com a opinião honesta de alguém". Portanto, não basta ao réu refutar a acusação provando que a imputação não é necessariamente verdadeira; ele deve fazê-lo mostrando que não é provável que o seja. Para isso, sua objeção deve apontar aquilo que, em geral, é mais verdadeiro do que a declaração atacada. Pode-se fazê-lo de duas maneiras: em relação à frequência ou em relação à exatidão. Será mais convincente fazê-lo em ambos os aspectos, pois se a coisa em questão acontece com maior frequência como a representamos e mais do modo como a representamos, sua probabilidade é particularmente alta.

(2) Os Sinais Falíveis, e os entimemas baseados nestes, podem ser refutados mesmo que os fatos sejam corretos, como dissemos no início, pois mostramos na *Analítica* que nenhum Sinal Falível pode fazer parte de uma prova lógica válida.

(3) Os entimemas que dependem de exemplos podem ser refutados do mesmo modo que as probabilidades. Se tivermos uma instância negativa, o argumento está refutado, na medida em que se prova não inevitável, mesmo que os exemplos positivos sejam mais semelhantes e frequentes. E, se os exemplos positivos forem mais numerosos e mais frequentes, deve-se insistir que o caso em questão é diferente, ou que suas condições são diferentes, ou que é, de algum modo, diferente.

(4) Será impossível refutar os Sinais Infalíveis e os Entimemas que neles se apoiam, buscando mostrar que, de algum modo, estes não formam uma prova lógica válida – também isso depreendemos da *Analítica*. Tudo o que se pode fazer, nesse caso, é mostrar que o fato alegado não existe. Se não há dúvida de que exista e de que seja um Signo Infalível, a refutação, então, se torna impossível, pois seria equivalente a uma demonstração de sua evidência em todos os aspectos.

26

Amplificação e Depreciação não são elementos do entimema. Por "elemento do entimema" refiro-me ao mesmo que uma linha de argumentação entimemática – uma classe geral que abrange um grande número de tipos particulares de entimema. Amplificação e Depreciação são um tipo de entimema, a saber, aquele utilizado para mostrar que algo é grande ou pequeno; assim como há outros tipos usados para mostrar que algo é bom ou mal, justo ou injusto, e outras coisas desse tipo. Todas essas coisas são o assunto dos silogismos e entimemas, contudo nenhuma delas é a linha de argumentação de um entimema. Portanto, não mais o são a Amplificação e a Depreciação. Tampouco são Entimemas Refutativos, uma espécie diferente dos Construtivos, pois é claro que a refutação consiste em oferecer prova positiva ou levantar uma objeção. No primeiro caso, provamos o oposto das declarações do nosso adversário. Assim, se ele mostra que algo ocorreu, mostramos que não ocorreu; se mostra que não ocorreu, mostramos que ocorreu. Tal não poderia ser, pois, a distinção, se houvesse uma, posto que os mesmos meios são empregados por ambas as partes, sendo os entimemas apresentados para mostrar que o fato é ou não deste e daquele jeito. Uma objeção, por outro lado, não é de forma alguma um entimema. Como foi dito nos *Tópicos*, consiste em declarar uma opinião aceita a partir da qual ficará claro que nosso oponente não raciocinou corretamente ou que fez uma falsa suposição.

Três pontos devem ser estudados ao se realizar um discurso; e teremos, agora, completado o relato acerca de *(1)* Exemplos, Máximas, Entimemas e, de modo geral, o elemento-pensamento, a maneira de criar e refutar argumentos. Resta-nos por discutir, em seguida: *(2)* Estilo e *(3)* Arranjo.

Livro III

1

Ao produzir um discurso, deve-se estudar três pontos: primeiro, os meios de provocar persuasão; segundo, o estilo, ou linguagem, a ser utilizado; terceiro, o arranjo adequado das várias partes do discurso. Já especificamos as fontes de persuasão. Mostramos que são três em número; quais são essas três; e por que existem apenas essas: a persuasão deve, em todos os casos, ser efetuada *(1)* trabalhando-se as emoções dos próprios juízes, *(2)* dando-lhes a impressão correta do caráter dos oradores, ou *(3)* provando a verdade das declarações feitas.

Os entimemas também foram descritos, tal como as fontes das quais devem ser derivados; há tanto linhas especiais quanto gerais de argumentação para os entimemas.

Nosso próximo assunto será o estilo de expressão, pois não basta saber o que é conveniente dizermos, precisamos também dizê-lo como se deve; isso em muito nos ajuda a produzir a impressão correta de um discurso. Voltamos, primeiro, à questão: como a persuasão pode ser produzida com base nos próprios fatos. Segundo, a forma de expor tais fatos pela linguagem. Terceiro, o método adequado de exposição; isso afeta muito o sucesso de um discurso, contudo, até então, o assunto foi negligenciado. Na verdade, muito tardou para que se abrisse um caminho entre as artes do drama trágico e da recitação épica: no princípio, os poetas representavam suas próprias tragédias. É claro que a exposição tem a ver tanto com oratória quanto com poesia. (Em relação à poesia, foi estudada por Gláucon de Teos, entre outros.) Essa é, essencialmente, uma questão de gerenciamento correto da voz para expressar as várias emoções – falar alto, com suavidade ou a meia-voz; em tom agudo, grave ou intermediário; aplicando os vários ritmos que se adequam a cada assunto. Essas são as três coisas – volume do som, modulação do tom e ritmo – que um orador deve ter em mente. Os que se atentam a isso são os que normalmente são premiados nas competições dramáticas; e, assim como no drama os atores agora contam mais do que os poetas, o mesmo se dá nas competições da vida pública, considerados os defeitos de nossas instituições políticas. Nenhum tratado sistemático sobre as regras de execução foi ainda composto; de fato, mesmo o estudo da linguagem não progrediu senão tardiamente. Além disso, a execução não é – acertadamente – considerada um assunto elevado de investigação. Ainda assim, como toda a questão da retórica gira em torno das aparências, devemos atentar-nos ao tema da execução, por menos digno que seja, porque não podemos viver sem ele. Se há algo certo sobre as práticas discursivas é que devemos satisfazermo-nos em não incomodar nossos ouvintes, nem tentar agradá-los; devemos, de forma justa, lutar por nosso caso sem outra ajuda que não a dos fatos essenciais. Nada, portanto, deve importar, exceto a prova de tais fatos. Ainda assim, como já dissemos, outras questões afetam o resultado consideravelmente devido aos defeitos de nossos ouvintes. As artes da linguagem não podem deixar de ter importância real, ainda que pequena, independentemente do que temos que expor aos outros, pois a maneira como algo é dito afeta sua inteligibilidade. No entanto, têm menos importância do que se pensa. Todas essas artes são fantasiosas e destinadas a encantar o ouvinte. Não se usa linguagem rebuscada para ensinar Geometria.

Tendo os princípios de execução sido solucionados, eles produzirão o mesmo efeito que se vê nos palcos. Entretanto, somente foram feitas tentativas muito débeis de abordá-los e por umas poucas pessoas, como por Trasímaco, em *Apelos à piedade*. A habilidade dramática é um dom natural e dificilmente pode ser ensinada de maneira sistemática. Os princípios da boa dicção podem ser ensinados dessa forma e, portanto, há homens de grandes habilidades nesse quesito que, por elas, ganham prêmios, tal como os oradores que se destacam por sua execução – discursos do tipo escrito ou literário devem mais de seu efeito à sua direção do que ao seu pensamento.

Naturalmente, foram os poetas que primeiro deram início ao movimento; pois as palavras representam coisas e eles também tinham à sua disposição a voz humana, que, de todos os nossos órgãos, é o que melhor pode representar outras coisas. Assim, originaram-se as artes da recitação e da atuação, entre outras. Agora, precisamente porque os poetas pareceram ganhar fama por meio do uso de linguagem rebuscada para expressar pensamentos razoavelmente simples, a linguagem da prosa oratória assumiu, no início, uma cor poética, por exemplo, a de Górgias. Mesmo agora, a maioria das pessoas sem instrução pensa que a linguagem poética produz os melhores discursos. Isso não é verdade: a linguagem da prosa é distinta daquela da poesia. Isso é demonstrado pelo estado das coisas na atualidade, quando até mesmo a linguagem da tragédia alterou seu caráter. Assim como foram adotados os iâmbicos em vez dos tetrâmetros, por serem os mais prosaicos dentre todas as métricas, a tragédia abriu mão de todas aquelas palavras, não usadas no diálogo comum, que adornavam o drama inicial e que ainda são usadas pelos escritores de poemas hexâmetros. Seria, portanto, ridículo imitar uma forma poética que os próprios poetas abandonaram; e fica claro que não nos é necessário tratar em detalhes toda a questão do estilo, e que podemos nos limitar ao que diz respeito ao assunto em pauta: a retórica. A outra parte – a poética – foi discutida no tratado *Arte Poética*.

2

Podemos, então, começar pelas observações ali feitas, incluindo a definição de estilo. Para que seja bom o estilo deve ser claro, pois é comprovado que a fala que não consegue transmitir um significado claro falha naquilo a que se propõe. Ele deve ser, também, apropriado, evitando tanto a mediocridade quanto a elevação indevida; a linguagem poética certamente é livre de mediocridade, mas não é apropriada para a prosa. A clareza é garantida pelo uso de palavras (substantivos e verbos) atuais e comuns. A ausência de mediocridade e o adorno positivo também são garantidos pelo uso de outras palavras mencionadas na *Arte Poética*. Essa quebra com o usual faz a linguagem parecer mais imponente. As pessoas não sentem em relação aos estrangeiros o mesmo que sentem em relação aos seus compatriotas, e o mesmo é verdadeiro no que diz respeito ao seu sentimento pela linguagem. Portanto, é bom dar à fala cotidiana um ar pouco familiar: as pessoas gostam do que as surpreende e são surpreendidas pelo que foge à corrente. Nos versos, esses efeitos são comuns e adequados: as pessoas e coisas aludidas ali estão comparativamente distantes da vida cotidiana. Nas passagens em prosa, isso é muito menos adequado, considerando-se que o assunto é menos exaltado. Mesmo na poesia não é muito apropriado que uma linguagem rebuscada seja usada por um escravo ou um homem muito jovem, ou para falar de assuntos muito triviais. Mesmo na poesia, para que o estilo seja apropriado, deve ser, por vezes, atenuado, enquanto, em outras, intensificado. Percebe-se, então, que um escritor deve disfarçar sua arte e dar a impressão de falar naturalmente em vez de artificialmente. A naturalidade é persuasiva, a artificialidade é o contrário; nossos ouvintes são preconceituosos e acreditam que temos algum desígnio contra si, como se estivéssemos misturando seus vinhos. É como a diferença entre a qualidade da voz de Teodoro e das vozes dos demais atores: a dele realmente parece ser a do personagem que está falando, a dos outros não. Podemos esconder nosso propósito com sucesso usando, em nossa composição, palavras isoladas tiradas da fala da vida cotidiana. Assim o faz, na poesia, Eurípides, que foi o primeiro a mostrar o caminho aos seus sucessores.

A linguagem é composta de substantivos e verbos. Existem substantivos de tipos variados, considerados no tratado sobre Poesia. Palavras estranhas, compostas, e neologismos devem ser usados com moderação e em poucas ocasiões: as quais apontaremos mais tarde. A razão para tal restrição já foi indicada: tais palavras se afastam do que é adequado, na direção do excesso. Na linguagem da prosa, para além dos termos regulares e próprios para as coisas, somente os termos metafóricos podem ser proveitosos. Isso se deduz do fato de serem essas duas classes de termos, os próprios, ou regulares, e os metafóricos – e nenhuma outra – usados por todos em suas conversas. Nota-se, portanto, que um bom escritor pode produzir um estilo que seja refinado sem ser intrusivo e que seja, ao mesmo tempo, claro, satisfazendo, assim, a definição de boa prosa oratória. Palavras ambíguas são particularmente úteis para o sofista enganar seus ouvintes. Sinônimos são úteis ao poeta, refiro-me àquelas palavras cujo significado comum é o mesmo, por exemplo, *porheueseai* (avançando) e *badizein* (prosseguindo); as duas são palavras comuns e têm o mesmo significado.

Na *Arte Poética*, como já dissemos, encontram-se definições desses tipos de palavras, uma classificação das metáforas e o grande valor que estas têm tanto na poesia quanto na prosa. Os prosadores devem, no entanto, dar à metáfora especial atenção, haja vista terem à disposição recursos mais escassos do que os poetas. A metáfora, além disso, confere clareza de estilo, charme e distinção como nenhum outro recurso, tampouco é algo cujo uso possa ser ensinado. As metáforas, assim como os epítetos, devem ser adequadas, o que significa que devem corresponder razoavelmente ao que se referem; caso contrário, sua inadequação será evidente – a falta de harmonia entre duas coisas é enfatizada quando dispostas lado a lado. É como ter que nos perguntar quais vestes servem a um velho; certamente não o manto púrpura que serve a um jovem. E, se você deseja fazer um elogio, deve tirar sua metáfora de algo melhor no mesmo aspecto elogiado; se deseja rebaixar, de algo pior. Para ilustrar o significado: posto que os opostos estão na mesma classe, atinge-se o efeito sugerido ao dizer que um homem que implora "suplica", e um homem que suplica "implora", porque suplicar e implorar são variações de pedir. Assim, Ifícrates chamou Cálias de "padre mendicante" em vez de "portador da tocha", e Cálias respondeu que Ifícrates não deveria ser iniciado ou ele o teria chamado não de "padre mendicante", mas de "portador da tocha". Ambos são títulos religiosos, mas um é honroso e o outro não. Novamente, alguém chama os atores de "aduladores de Dionísio", mas eles se referem a si mesmos como "artistas". Cada um desses termos é uma metáfora, um destinado a espezinhar o ator, o outro a dignificá-lo. E os piratas agora se chamam de "fornecedores". Pode-se, desse modo, chamar a um crime erro, ou a um erro crime. Podemos dizer que um ladrão "pegou" algo, ou que "saqueou" sua vítima. Quando Télefo, de Eurípides, menciona o Rei do remo, que desembarcou na costa da Mísia, sua expressão é inapropriada; a palavra "rei" vai além da dignidade do sujeito, e assim o artifício não fica devidamente oculto. Uma metáfora pode ser inadequada porque as próprias sílabas das palavras que a transmitem falham em indicar a doçura da expressão sonora. Assim, Dionísio, o Descarado, em suas elegias, chama a poesia de "grito de Calíope". Poesia e grito são, com certeza, expressões sonoras. Mas a metáfora é ruim, porque os sons do "grito", ao contrário dos da poesia, são discordantes e inexpressivos. Além disso, ao usar metáforas para dar nomes a coisas sem nome, convém extraí-las não de coisas remotas, mas de coisas afins e semelhantes, para que o parentesco seja claramente percebido assim que as palavras são ditas. Tal ocorre no célebre enigma:

Reparei como um homem colava, com fogo, bronze ao corpo de outro homem.

O processo não tem nome, mas tanto ele quanto a colagem são aplicações, e é por isso que a aplicação da ventosa é aqui chamada de "colagem". Bons enigmas, em geral, nos fornecem metáforas satisfatórias, pois metáforas implicam enigmas e, assim, um bom enigma pode gerar uma boa metáfora. Além disso, os materiais das metáforas devem ser belos; e a beleza tanto quanto a feiura das palavras pode, como diz Lícimnio, residir em seu som ou significado. Além disso, há uma terceira consideração – uma que desmantela o argumento falacioso do sofista Bríson de que não existe linguagem chula, pois o significado permanece o mesmo, independentemente das palavras usadas. Isso não é verdade. Um termo pode descrever uma coisa mais verdadeiramente do que outra, pode se parecer com ela e representá-la mais nitidamente. Além disso, duas palavras diferentes representarão uma mesma coisa sob duas luzes distintas; assim que, também neste âmbito, considera-se um termo mais justo ou mais vil do que outro, porque ambos os termos indicarão o que é justo ou vil, porém não somente sua justiça ou sua vileza, ou, caso isso ocorra, pelo menos não será em igual grau. Os materiais da metáfora devem ser belos aos ouvidos, ao entendimento, aos olhos ou a outro sentido físico. É melhor, por exemplo, dizer "alvorada de dedos rosados" do que "dedos púrpura" ou, pior ainda, "alvorada de dedos vermelhos". Também os epítetos aplicados podem assumir um aspecto ruim e feio, como quando Orestes é chamado de "matador de mãe"; ou um aspecto melhor, como quando ele é chamado de "vingador de seu pai". Simônides, quando o vencedor da corrida de mulas lhe ofereceu uma pequena taxa, recusou-se a escrever-lhe uma ode, pois disse que era muito desagradável escrever odes para asnos, contudo, ao receber uma taxa adequada, escreveu:

Salve, filhas dos corcéis tempestuosos!

No entanto, é claro, elas também eram filhas de asnos. O mesmo efeito é obtido pelo uso de diminutivos, que tornam uma coisa ruim menos ruim e uma coisa boa menos boa. Tome, por exemplo, a brincadeira de Aristófanes nos *Babilônios*, em que usa "ourinho" para "ouro", "mantelete" para "manto", "troçazinha" para "troça" e "praguinha". Porém, do mesmo modo, ao fazer uso de epítetos e diminutivos, devemos ser cautelosos e encontrar o meio termo.

3

A vulgaridade na linguagem pode assumir qualquer uma das quatro formas a seguir:

(1) Mal uso de palavras compostas[10]. Licófron, por exemplo, fala do "céu multifacetado" acima da "terra de crista gigante", e novamente da "costa de passagem estreita"; e Górgias refere-se ao "poeta-indigente

(10) N.T.: É interessante observar, neste tópico, que na sua tradução, o elemento composto a que Aristóteles se refere é perdido. Assim, por exemplo, em "alma que se enche de raiva", "que se enche de raiva" seria escrito em grego como uma única palavra composta.

bajulador" e ao "quebrador de juramentos" e ao "excessivo cumpridor de juramentos". Alcidamante usa expressões como "a alma que se enche de raiva e o rosto que se ruboriza como fogo", e "ele pensou que seu entusiasmo seria repleto de problemas" e "tornou a persuasão de suas palavras repleta de problemas", e "de tom sombrio é o fundo do mar". A maneira como todas essas palavras são compostas as torna, sentimos, adequadas apenas para versos. É essa uma forma de demonstrar vulgaridade.

(2) Outra consiste no emprego de palavras estranhas[11]. Por exemplo, Licófron menciona o "prodigioso Xerxes" e o "despojador Escíron"; Alcidamante refere-se a "um brinquedo para a poesia" e "o disparate da natureza", e diz "aguçado pelo intenso temperamento de seu espírito".

(3) Uma terceira forma advém do uso de epítetos longos, antiquados ou frequentes. É bastante apropriado a um poeta dizer "leite branco"; na prosa, contudo, tais epítetos por vezes carecem de adequação ou, quando muito densamente utilizados, evidenciam a transformação de prosa em poesia. Claro que devemos usar alguns epítetos, uma vez que eles elevam nosso estilo e lhe dão um ar de distinção. Porém devemos mirar no meio termo, caso contrário, o resultado será pior do que se não nos déssemos ao trabalho de empregá-los – obteremos algo verdadeiramente ruim em vez de algo que simplesmente não é tão bom. É por isso que os epítetos de Alcidamante parecem tão insípidos; ele não os usa como o tempero da carne, mas como a carne em si, de tão numerosos, inflamados e agressivos que são. Por exemplo, ele não diz "suor", mas "o suor úmido"; nem "aos jogos Ístmicos", mas "ao concurso mundial dos jogos Ístmicos"; nem "leis", mas "as leis que são monarcas dos estados"; nem "correndo", mas "seu coração impelindo-o à velocidade de seus pés"; nem "uma escola de Musas", mas "a escola das Musas da Natureza ele herdara"; além de "severos cuidados do coração", e "conquistador" não de "popularidade" mas de "popularidade universal", e "distribuidor de deleite a seu público", e "escondeu-o" não "com galhos" mas "com galhos das árvores da floresta", e "vestiu" não

(11) N.T.: Novamente parece haver algo que se perde na tradução do grego. Palavras "estranhas" entende-se que sejam palavras verdadeiramente incomuns ou difíceis.

"seu corpo" mas "a nudez de seu corpo", e "o desejo de sua alma era contra-imitativo" (isso é ao mesmo tempo um composto e um epíteto, de modo que parece o esforço de um poeta), e "tão extravagante era o excesso de sua maldade". Nota-se, assim, como a inadequação de tal linguagem poética importa absurdo e mau gosto aos discursos, além da obscuridade que advém de tamanha verbosidade, pois quando o sentido é claro, pode-se apenas obscurecê-lo e estragar sua clareza pelo acúmulo de palavras.

O uso comum de palavras compostas faz-se quando, não havendo termo para representar algo, um composto pode ser facilmente formado, tal como "passatempo" (*chronotribein*). Contudo, se isso se faz em demasia, o caráter de prosa desaparece completamente. Vê-se, pois, como a linguagem dos compostos é acertada para escritores de ditirambos, que amam ruídos sonoros; as palavras estranhas, para escritores de poesia épica, que trata de feitos altivos e imponentes; e a metáfora para o verso iâmbico, métrica que (como foi dito) é amplamente usada hoje em dia.

(4) Resta a quarta região em que a vulgaridade transparece: a metáfora. Metáforas, como tudo o mais, podem ser inapropriadas. Algumas o são por serem ridículas – estas são, de fato, usadas por poetas cômicos e trágicos. Outras são muito grandiosas e teatrais; e estas, se forem rebuscadas, também podem ser obscuras. Por exemplo, Górgias fala sobre "eventos que são verdes e cheios de seiva", e diz "vil foi a ação que semeaste e má a safra colhida". Isso se assemelha muito à poesia. Alcidamante, novamente, chamou a filosofia de "uma fortaleza que ameaça o poder da lei", e a *Odisseia* de "um belo espelho da vida humana"; falou sobre "não oferecer tal brinquedo à poesia" – todas essas expressões falham, pelas razões dadas, ao acompanhamento do ouvinte. O discurso de Górgias à andorinha, quando esta deixou seus excrementos caírem sobre ele enquanto o sobrevoava, mostra-se da melhor maneira trágica. Ele disse: "Que vergonha, ó Filomela!". Pensando nela como um pássaro, não se poderia chamar seu ato de vergonhoso; pensando como uma menina, se poderia; assim, era uma boa zombaria dirigir-se a ela como o que fora um dia e não como o que é.

4

Também o Símile é uma metáfora; a diferença é pequena. Quando o poeta diz de Aquiles que ele saltou sobre o inimigo como um leão, isso é um símile; quando ele diz dele "o leão saltou", é uma metáfora – aqui, uma vez que ambos são corajosos, ele atribuiu a Aquiles o nome de "leão". Símiles são úteis tanto em prosa quanto em verso; mas não se usados com frequência, posto que são da natureza da poesia. Devem ser empregados do mesmo modo que as metáforas, uma vez que são a mesma coisa, exceto pela diferença mencionada.

Os seguintes são exemplos de símiles: Andrócion disse que Idrieu era como um *terrier* sem correntes, que avança sobre você e o morde – Idrieu também se mostrava selvagem quando liberto de suas correntes. Teodamante comparou Arquidamo a um Euxeno sem habilidades em Geometria – um símile proporcional, implicando que Euxeno é um Arquidamo com habilidades em Geometria. Na *República*, de Platão, aqueles que despojam os mortos são comparados a vira-latas que mordem as pedras atiradas contra si, sem, contudo, tocar em quem as atira; e há o símile sobre o povo ateniense, comparado a um capitão de navio forte, mas um pouco surdo; e aquele sobre os versos dos poetas, que são comparados a pessoas sem beleza, mas que possuem frescor juvenil – quando o frescor desaparece, seu charme se esvai, assim como com os versos quando transformados em prosa. Péricles comparou os sâmios a crianças que continuam chorando mesmo tendo tomado seu mingau; e os beócios aos carvalhos, pois estavam destruindo-se com guerras civis, tal qual um carvalho causando a queda de outro. Demóstenes disse que os atenienses eram como homens nauseados a bordo de um navio. Além disso, Demóstenes comparou os oradores políticos a amas que mastigam um pouco a comida e depois a lambuzam sobre os lábios das crianças. Antístenes comparou o esguio Cefisódoto ao incenso, porque ao ser consumido trazia satisfação. Todas essas ideias podem ser expressas como símiles ou metáforas; aquelas que funcionam bem como metáforas obviamente também o farão como símiles, assim como símiles sem sua explicação, figurarão como metáforas. Entretanto, a metáfora proporcional deve sempre se aplicar reciprocamente a qualquer um de seus termos coordenados. Por exemplo, se uma taça é o escudo de Dionísio, um escudo pode ser chamado de taça de Ares.

5

Tais são, pois, os ingredientes que compõem o discurso. A base para o bom estilo está na correção da linguagem, a qual se divide em cinco tópicos. *(1)* Primeiro, o uso adequado de conectores e seu arranjo na sequência natural que alguns destes exigem. Por exemplo, o conectivo *men* (por exemplo, *ego men*) requer o correlativo *de* (por exemplo, *o de*). A palavra resposta deve ser introduzida antes que a primeira tenha sido esquecida, e não deve estar muito afastada dela; tampouco, exceto nos raros casos em que isso é adequado, deve ser introduzido outro conectivo antes do necessário. Considere a frase: "Mas assim que ele se dirigiu a mim (pois Cléon veio implorando e suplicando), levei-os junto e parti". Nessa frase, muitos conectores são inseridos antes daquele necessário para completar o sentido[12]; e se houver um longo intervalo antes de "parti", a frase torna-se obscura. Um mérito, portanto, do bom estilo reside no uso correto dos conectores. *(2)* O segundo consiste em usar os nomes próprios das coisas em vez de nomes gerais vagos. *(3)* O terceiro implica evitar ambiguidades; a menos que você, de fato, tenha a absoluta intenção de ser ambíguo, como quando nada se tem a dizer, mas se quer parecer que tem. Pessoas assim tendem a expressar-se em versos. Empédocles, por exemplo, por suas longas circunlocuções afeta os ouvintes; tal como é afetada a maioria das pessoas ao ouvir adivinhos, cujas declarações ambíguas são recebidas com acenos de aquiescência:

(12) N.T.: Também aqui, como em toda a seção reservada ao estilo, ao se traduzir o texto original, perdem-se elementos essenciais àquilo que expõe Aristóteles. Assim, não sabemos a quais conectivos ele aqui se refere, pois estes só estarão íntegros no original em grego.

Creso, após cruzar o Hális, arruinará um poderoso reino.

Os adivinhos usam-se de tais generalidades vagas sobre o assunto em questão, pois, via de regra, suas previsões ficam menos propensas a serem consideradas falsas. Temos mais probabilidade de acertar, no jogo de "par ou ímpar", se simplesmente adivinharmos "par" ou "ímpar" do que se adivinharmos o número em si. Assim, também, o oráculo tem maior probabilidade de estar certo se simplesmente disser que algo vai suceder do que se disser quando, e, assim, se recusa a incluir uma data definitiva. Todas essas ambiguidades têm o mesmo tipo de efeito e devem ser evitadas, a menos que tenhamos algum objeto como o mencionado. *(4)* Uma quarta regra compreende observar a classificação dos substantivos, conforme Protágoras, em masculino, feminino e neutro, pois tais distinções também devem ser feitas corretamente. "Ao chegar, ela falou e partiu (*e d elthousa kai dialechtheisa ocheto*)". *(5)* A quinta regra consiste em expressar pluralidade, escassez e unidade pela formulação correta, por exemplo, "Tendo vindo, eles me golpearam (*oi d elthontes etupton me*)".

É uma regra geral que uma produção escrita deve ser de fácil leitura e, portanto, de fácil exposição. Tal não pode ocorrer quando há muitas palavras ou orações conectivas, ou se a pontuação for difícil, como nos escritos de Heráclito. Pontuar Heráclito não é uma tarefa fácil, haja vista que muitas vezes não podemos dizer se uma palavra específica pertence ao que a precede ou ao que a segue. Assim, no início de seu tratado, ele diz: "Embora esta verdade subsista sempre os homens não a entendem", onde não fica claro a qual das duas orações a palavra "sempre" deve ser unida pela pontuação. Além disso, o seguinte fato leva ao solecismo: uma frase não funciona corretamente se a dois termos junta-se um terceiro que não seja adequado a ambos. Assim, "som" ou "cor" não funcionarão corretamente com alguns verbos – "perceber" se aplicará a ambos, "ver" não. Produz-se obscuridade também se, tendo intenção de inserir uma série de detalhes, você não deixa isso claro primeiro; por exemplo, se disser: "Eu pretendia, após lhe falar sobre isto, aquilo e mais isso, partir", em vez de algo como

"Eu pretendia partir depois de falar com ele; em seguida isto, aquilo e mais isso ocorreu".

6

As sugestões a seguir ajudarão a agregar grandiosidade à sua linguagem. *(1)* Descreva algo em vez de nomeá-lo: não diga "círculo", mas "aquela superfície que, a partir do centro, se estende igualmente em todos as direções". Para obter concisão, faça o oposto – use o nome em lugar da descrição. Ao mencionar algo feio ou impróprio, use seu nome quando a descrição for feia, e a descrição quando o nome for feio. *(2)* Represente as coisas com a ajuda de metáforas e epítetos, tendo o cuidado de evitar efeitos poéticos. *(3)* Use o plural pelo singular, como na poesia, onde se encontra

Para os portos aqueus,

embora esteja se referindo a um único porto; e

Eis as múltiplas dobras de minha carta.

(4) Não use duas palavras sob um mesmo artigo, mas sim aplique um artigo a cada uma, por exemplo, "aquela esposa, a nossa". Faça o inverso para garantir concisão, por exemplo, "nossa esposa". Use muitos conectivos; inversamente, para garantir concisão, dispense-os, mas ainda preservando a conexão, por exemplo, "tendo ido e falado" e "tendo ido, falei", respectivamente. *(5)* Também a prática de Antímaco é útil – descrever algo mencionando atributos que tal não possui; como faz ao falar de Teumesso:

Há uma pequena colina varrida pelos ventos...

Pode-se desenvolver um assunto indefinidamente seguindo essas linhas. Pode-se aplicar esse método de tratamento pela negação tanto para qualidades boas quanto más, de acordo com o que requer o assunto. É dessa fonte que os poetas extraem expressões como a melodia "sem cordas" ou "sem lira", formando assim epítetos com base em negações. Esse recurso é popular em metáforas proporcionais, como quando o som da trombeta é chamado de "melodia sem lira".

7

Sua linguagem será apropriada se expressar emoção e caráter, e se corresponder ao assunto. "Correspondência ao assunto" significa que não se devemos falar casualmente acerca de assuntos relevantes, nem solenemente acerca dos triviais; tampouco se deve adicionar epítetos ornamentais a substantivos comuns, ou o efeito será cômico, como nas obras de Cleofonte, que é capaz de usar frases tão absurdas quanto "Ó figueira majestosa!". Para expressar emoção, empregaremos a linguagem da raiva ao falar de ultrajes; a linguagem do desgosto e da discreta relutância com as palavras ao tratar de impiedade ou vileza; a linguagem da exultação para um conto de glória, e a da humildade para um conto de compaixão[13], e assim por diante.

Tal aptidão de linguagem faz com que as pessoas acreditem na verdade de sua história: suas mentes chegam à falsa conclusão de que você é confiável dado que outros se comportam como você quando você descreve como as coisas são, portanto, tomam sua história como verdadeira, quer ela seja ou não. Além disso, um orador emotivo sempre faz seu público se sentir como ele, mesmo quando não há nada em seus argumentos. É por esse motivo que muitos oradores tentam sobrecarregar seu público apenas com ruído.

Além disso, provar sua história por meio da exibição dos sinais de sua genuinidade serve para expressar seu caráter pessoal. Cada classe de homens, cada tipo de disposição terá sua própria maneira conveniente de externar a verdade. Em "classe", incluo as diferenças de idade, como menino, homem ou velho; de sexo, como homem ou mulher; de nacionalidade, como espartano ou tessálio. Por "disposições" refiro-me apenas àquelas que determinam o caráter de um homem, pois nem toda disposição assim faz. Se um orador usa precisamente aquelas palavras que estão de acordo com certa disposição, ele reproduzirá o caráter correspondente a esta, pois um homem inculto e um instruído

(13) N.T.: Nas versões da tradução de W. Rhys Roberts, parece faltar uma palavra neste trecho para completar o sentido da frase, por isso, recorreu-se a outras traduções do texto aristotélico.

não dirão as mesmas coisas nem se expressarão da mesma maneira. Novamente, desperta-se certa impressão em uma audiência por meio de um recurso que os redatores de discursos empregam em nauseante excesso, quando dizem "Quem não sabe disso?" ou "É conhecido por todos". O ouvinte envergonha-se de sua ignorância e concorda com o orador, de modo a partilhar do conhecimento que possuem os demais.

Todas as variações de estilo oratório podem ser usadas em ocasiões oportunas ou não. A melhor maneira de neutralizar qualquer exagero consiste em empregar o recurso, amplamente conhecido, pelo qual o orador critica a si mesmo em certa medida. Desse modo, as pessoas sentem que é correto que fale assim, visto que certamente está ciente do que faz. Além disso, é melhor que nem tudo coincida todo o tempo – os ouvintes terão menos facilidade em perceber suas intenções dessa forma. Quero dizer que, se, por exemplo, suas palavras são duras, você não deve estender essa dureza à sua voz e ao seu semblante e manter tudo semelhante. Se o fizer, o caráter artificial de cada detalhe se tornará aparente; ao passo que, ao adotar um recurso e não outro, estará aplicando a arte do mesmo modo, porém sem que ninguém perceba. (Evidente que, se sentimentos amenos são expressos em tons severos e sentimentos severos em tons amenos, você se torna comparativamente menos convincente.) Palavras compostas, epítetos demasiado abundantes e palavras estranhas são mais adequados a discursos emotivos. Perdoamos um homem irado por se referir a um erro como "celestial" ou "colossal"; e desculpamos tal linguagem quando o orador já tem seus ouvintes em suas mãos e os moveu profundamente, seja por elogios, culpa, raiva ou afeição, como Isócrates, por exemplo, faz ao final de seu *Panegírico*, com seu "o nome e a fama" e "aquilo eles suportaram". Os homens falam dessa maneira quando estão profundamente movidos e, portanto, estando o público em semelhante estado de sentimento, a aprovação, é claro, surge. Daí tal linguagem adequar-se à poesia, que atende à inspiração. Essa linguagem deve ser usada, então, sob o jugo da emoção ou de forma irônica, à maneira de Górgias e das passagens do *Fedro*.

8

A forma de uma composição em prosa não deve nem atender à métrica nem ser destituída de ritmo. A forma métrica destrói a confiança do ouvinte por sua aparência artificial e, ao mesmo tempo, desvia sua atenção, fazendo-o reparar nas suas recorrências, assim como as crianças antecipam a pergunta do arauto, "Quem o liberto escolhe como seu advogado?", com a resposta "Cléon!". Por outro lado, a linguagem não rítmica é muito ilimitada; não desejamos as limitações da métrica, todavia alguma limitação devemos ter, caso contrário o efeito será vago e insatisfatório. Assim, é o número que limita todas as coisas; e é a limitação numérica das formas de uma composição que constitui seu ritmo, do qual as métricas são subdivisões. Portanto, a prosa deve ser rítmica, mas não métrica, ou se tornará verso em vez de prosa. Tampouco deve apresentar um ritmo muito preciso; assim, deve ser rítmica apenas até certo ponto.

Dos vários ritmos, o heroico desvela dignidade, mas lhe faltam os tons da língua falada. O iâmbico é a própria língua das pessoas comuns, de modo que, no diálogo comum, as linhas iâmbicas ocorrem com mais frequência do que quaisquer outras; contudo, um discurso carece de dignidade e do poder de mobilizar o ouvinte para além de seu eu comum. O troqueu em muito se assemelha a uma dança errática – isso se faz notar no verso tetrâmetro, que é um dos ritmos trocaicos.

Resta o péon, que os oradores começaram a utilizar na época de Trasímaco, embora ainda não o nomeassem. O péon é uma terceira classe de ritmo, muito semelhante aos dois já mencionados. Segue a proporção de três para dois, enquanto os outros dois tipos seguem a proporção de um para um, e dois para um, respectivamente. Entre as duas últimas proporções está a proporção de um e meio para um, que corresponde à do péon.

Assim, os outros dois tipos de ritmo devem ser rejeitados na escrita de prosa, em parte pelas razões dadas e em parte por serem excessivamente métricos. O péon deve ser adotado, uma vez que somente ele, dentre os ritmos mencionados, não produz métrica, sendo, portanto, o menos intrusivo deles. Atualmente, a mesma forma de péon é empregada no início e ao final das frases, devendo o final diferir do início. Existem dois tipos opostos de péon, um adequado para o início de uma frase, onde de fato é empregado. Este começa com uma sílaba longa e é precedida de três curtas, como

Dalogenes | eite Luki | an

e

Chruseokom | a Ekate | pai Dios.

O outro péon começa, inversamente, com três sílabas curtas e termina com uma longa, como

meta de lan | udata t ok | eanon e | oanise nux.

Esse tipo de péon produz um fechamento real – uma sílaba curta não é capaz de produzir um efeito de encerramento, fazendo, portanto, o ritmo parecer truncado. Uma frase deve encerrar com a sílaba longa – sua conclusão deve ser indicada não pelo escriba, ou pelo ponto final à margem, mas pelo próprio ritmo.

Viu-se, então, que a linguagem deve ser rítmica e não desprovida de ritmo, e quais ritmos, de quais formas concorrem para isso.

9

A linguagem da prosa deve ou ser livre, tendo suas partes unidas por nada além de conectores, como os prelúdios nos ditirambos, ou compacta e antitética, como as estrofes dos antigos poetas. O estilo livre é o antigo, como "Eis aqui o inquérito de Heródoto, o turiano". Todos usavam esse método antigamente; poucos o fazem na atualidade. Por estilo "livre", refiro-me àquele tipo que não apresenta paradas naturais, interrompendo-se somente porque nada mais há a dizer sobre o assunto. Tal estilo é insatisfatório tão somente por se prolongar indefinidamente. É-nos sempre agradável avistar um ponto de parada à frente – somente no ponto de destino é que os corredores desmaiam e entram em colapso; enquanto têm o fim do percurso adiante de si, conseguem continuar avançando. Tal é, portanto, o estilo do tipo livre. O compacto é aquele disposto em períodos. Por um período, refiro-me a uma porção do discurso que tem, em si, começo e fim, ao mesmo tempo em que não é muito grande para que possa ser captada de relance. A linguagem desse tipo é satisfatória e fácil de acompanhar. É satisfatória precisamente por ser o oposto daquela do estilo indefinido; e, ademais, o ouvinte sempre sente estar compreendendo algo e chegando a alguma conclusão definitiva; enquanto é insatisfatório não poder avistar nada nem chegar a lugar algum. É fácil de acompanhar, pois pode ser lembrada com facilidade; isso ocorre porque a linguagem, que é periódica, pode ser numerada, e o número é mais fácil de lembrar entre todas as coisas. Tal é a razão pela qual o verso, que é métrico, é sempre mais facilmente lembrado do que a prosa, que não o é – as medidas do verso podem ser numeradas. O período não deve, além disso, ser completado até que seu sentido esteja completo; não deve interromper-se abruptamente, como pode ocorrer com os seguintes versos iâmbicos de Sófocles:

É este o solo da Cálidon, das terras de Pélopes.

(As sorridentes planícies encaram-nos além do estreito.)

Por uma divisão errada das palavras, o ouvinte pode interpretar o significado como o inverso do que realmente são. Por exemplo, na passagem citada, alguém pode imaginar que Cálidon está situada no Peloponeso.

Um período pode ser simples ou dividido em vários membros. O período de vários membros corresponde a uma porção do discurso que *(1)* é completa em si mesma, *(2)* está dividida em partes e *(3)* pode ser facilmente expressa em um único fôlego – em sua completude e não parando para respirar a cada divisão. Um membro é uma das duas partes de tal período. Por um período “simples”, refiro-me ao que apresenta apenas um membro. Os membros, e os períodos inteiros, não devem ser nem curtos nem longos. Um membro muito curto com frequência faz o ouvinte tropeçar. Ele está à espera de que o ritmo vá até o limite que sua mente fixou; se, no entanto, ele é puxado para trás pela pausa do orador, o impacto vai fatalmente fazê-lo, por assim dizer, tropeçar. Se, por outro lado, prolonga-se por muito tempo, isso o fará se sentir deixado para trás, assim como as pessoas que ao caminhar ultrapassam sua meta deixando ali atrás seus companheiros. Similarmente, se um período for muito longo, este se transforma em um discurso, ou algo como um prelúdio ditirâmbico. O resultado assemelha-se aos prelúdios que Demócrito de Quios zombou ter escrito Melanípides em vez de estrofes antistróficas:

Aquele que para os pés do outro prepara armadilhas

É provável ser o primeiro a nelas cair;

Como os longos e prolixos prelúdios a todos nós causam dano,

Porém ainda mais a quem os profere.

O que igualmente se aplica a oradores que se valem de membros extensos. Períodos que apresentam membros demasiadamente curtos não são, de forma alguma, períodos; e o resultado é a interrupção estrondosa para o ouvinte.

O estilo periódico que se divide em membros pode ser de dois tipos. Ou é somente dividido, como em "Frequentemente admiram-me os organizadores de assembleias nacionais e os fundadores de competições atléticas"; ou é antitético, no qual, em cada um dos dois membros, um elemento de um par de opostos é colocado junto de seu par, ou uma mesma palavra é usada para colocar em evidência dois opostos, como "Ajudaram ambas as partes – não apenas os que ficaram para trás, mas também os que os acompanharam; aos últimos conquistaram um novo território maior que o de sua pátria, e aos primeiros deixaram em sua pátria um território grande o suficiente". Aqui, as palavras contrastadas são "ficaram para trás" e "acompanharam", "o suficiente" e "maior". O mesmo se observa no exemplo, "Tanto aos que desejam obter propriedade quanto aos que desejam aproveitá-la", em que "aproveitá-la" contrasta-se com "obter". Novamente, "acontece frequentemente em tais empreendimentos que os sábios falhem e os tolos triunfem"; "Receberam imediatamente o prêmio por bravura, e, não muito depois, ganharam o comando do mar"; "navegar pelo continente e marchar pelo oceano, atravessando o Helesponto e cortando o Athos"; "a natureza deu-lhes seu país e a lei tomou-lhes de volta"; "alguns deles pereceram em miséria, outros foram salvos em desgraça"; "os cidadãos atenienses mantêm estrangeiros em suas casas como servos, enquanto a cidade de Atenas permite que seus aliados aos milhares vivam como escravos dos estrangeiros"; e "possuir em vida ou deixar em legado na morte". Há também o exemplo daquele que, perante o tribunal, disse sobre Peitolau e Licófron: "Esses homens costumavam vender-vos quando estavam em sua terra, e agora vieram ante vós e vos compraram". Todas essas passagens apresentam a estrutura descrita. Tal forma de discurso é satisfatória, pois o significado das ideias contrastantes é facilmente sentido, especialmente se colocadas lado a lado, e também porque toma o efeito de um argumento lógico – colocando duas conclusões opostas lado a lado, prova-se que uma delas é falsa.

Tal é, pois, a natureza da antítese. A parisose consiste em igualar em comprimento os dois membros de um período. A paromeose consiste em tornar semelhantes uma à outra as palavras extremas de ambos os membros. Isso deve acontecer no início ou no fim de cada membro. Se, no início, a semelhança deve ser sempre entre palavras inteiras; no fim, entre as sílabas finais ou inflexões da mesma palavra ou da mesma palavra repetida. Assim, no início:

agron gar elaben arlon par' autou

e

dorhetoi t epelonto pararretoi t epeessin.

No fim:

ouk wethesan auton paidion tetokenai,

all autou aitlon lelonenai,

e

en pleiotals de opontisi kai en elachistais elpisin.

Um exemplo de inflexões da mesma palavra é: *axios de staoenai calcous ouk axios on Chalou.* Da mesma palavra repetida: *su d' auton kai zonta eleges kakos kai nun grafeis kakos.* De uma sílaba: *ti d' an epaoes deinon, ei andrh' eides arhgon.*

É possível que uma mesma frase apresente todas essas características juntas – antítese, parisose e homotelêuton[14]. (Os possíveis

(14) Repetição de sons semelhantes.

inícios de períodos foram completamente enumerados na *Teodecta*.) Há também falsas antíteses, como a de Epicarmo:

Lá uma vez estive como seu hóspede,
Noutra vez foram meus anfitriões.

10

Podemos, agora, considerar resolvidos os pontos citados e passar a comentar sobre a maneira de elaborar expressões vivazes e cativantes. Sua criação só pode advir de talento natural ou de longa prática; porém este tratado pode indicar a maneira de fazê-lo. Podemos lidar com tais expressões enumerando seus diferentes tipos. Comecemos observando que todos nós naturalmente consideramos agradável obter novas ideias facilmente; posto que palavras expressam ideias, nos serão mais agradáveis aquelas que nos possibilitam novas ideias. Agora, as palavras estranhas somente nos confundem; as comuns só transmitem o que já sabemos; é por meio da metáfora que melhor obtemos algo de novo. Quando o poeta diz ser a "velhice um caule murcho", nos transmite uma nova ideia, um novo fato, a partir da noção geral de florescimento, que é comum a ambas as coisas. Os símiles dos poetas assim o fazem e, portanto, quando são bons, produzem um efeito de brilhantismo. O símile, como dissemos, difere-se da metáfora apenas na maneira como é colocado; e só por ser mais longo, é menos atraente. Além disso, ele não diz diretamente que "isto" é "aquilo", e, portanto, o ouvinte interessa-se menos pela ideia. Vê-se, então, que tanto a fala quanto o raciocínio são vivazes na proporção em que nos levam prontamente a apreender uma nova ideia. Por essa razão, as pessoas não são tão atraídas por argumentos óbvios (emprego a palavra "óbvio" para referir-me ao que é claro para todos e não carece de investigação) nem pelos cuja exposição nos confunde, mas somente pelos argumentos que nos transmitem suas informações tão logo os escutamos, considerando que suas informações ainda não nos fossem conhecidas; ou aqueles em que à mente pouco falta para acompanhar. Esses dois tipos nos transmitem uma informação; entretanto, os óbvios, assim como os obscuros, nada transmitem, nem de imediato nem mais tarde. São essas, de fato, as qualidades, que, em relação ao significado do que se diz, tornam um argumento aceitável. No que diz respeito ao estilo, é a forma antitética que nos atrai. Por exemplo, "julgando que a paz comum aos demais equivalia a uma guerra contra seus próprios interesses privados", em que ocorre antítese entre guerra e paz. Também é bom usar palavras metafóricas, embora as metáforas não devam ser rebuscadas, ou serão difíceis de entender, nem óbvias, ou não terão qualquer efeito. As palavras devem, ainda, colocar ante nossos olhos a cena, pois os eventos devem ser observados em andamento, em vez de em perspectiva. Deve-se, assim, mirar nesses três pontos: antítese, metáfora e atualidade.

Dos quatro tipos de metáfora, o mais atraente é o proporcional. Assim, Péricles, por exemplo, disse que o desaparecimento dos jovens de seu país que pereceram na guerra era "como se a primavera tivesse sido suprimida ao ano". Léptines, falando dos lacedemônios, disse que não haveria permitido que os atenienses deixassem a Grécia "perder um de seus dois olhos". Quando Carete pressionava por permissão para que sua participação na guerra de Olinto fosse examinada, Cefisódoto indignou-se, dizendo que aquele desejava que seu exame ocorresse "enquanto ele levava os dedos na garganta do povo". O mesmo orador certa vez instou os atenienses a marcharem para Eubeia, "tendo o decreto de Miltíades como suas rações". Ifícrates, indignado com a trégua dos atenienses com Epidauro e o litoral vizinho, disse que haviam se despojado de seu fundo de viagem para a jornada de guerra. Pitolau chamou a galé do estado de "o grande porrete do povo", e Sestos de "o celeiro de milho do Pireu". Péricles ordenou que seus compatriotas removessem Egina, "aquela monstruosidade do Pireu". E Mérocles disse que ele não era mais um patife do que certo cidadão respeitável apontado por ele, "cuja patifaria valia mais de trinta por cento ao ano para ele, em vez de meros dez como a sua". Há também o verso iâmbico de Anaxandrides sobre a maneira como suas filhas adiaram o casamento:

Os laços matrimoniais de minhas filhas excederam o prazo.

Polieucto disse de um homem paralítico chamado Espeusipo que ele não conseguia ficar quieto, "embora a fortuna o tivesse acorrentado ao pelourinho da doença". Cefisódoto chamou os navios de guerra de "moinhos pintados". Diógenes, o Cão, chamou as tavernas de "os refeitórios da Ática". Ésio disse que os atenienses haviam "esvaziado" sua cidade na Sicília – esta é uma metáfora gráfica. "Até que toda a Hélade gritasse alto" pode ser considerado uma metáfora, e novamente uma metáfora gráfica. Cefisódoto ordenou que os atenienses cuidassem para não realizar muitos "desfiles". Isócrates empregou a mesma palavra para referir-se aos que "desfilam nos festivais nacionais". Outro exemplo ocorre no *Discurso Fúnebre*: "É apropriado que a Grécia corte seu cabelo ao lado do túmulo dos que sucumbiram em Salamina, já que sua liberdade e seu valor estão enterrados no mesmo túmulo". Tivesse, aqui, o orador dito somente que era certo chorar quando o valor estava sendo enterrado em seu túmulo, ainda seria uma metáfora, e uma metáfora gráfica. Porém, a junção de "seu valor" e "sua liberdade" apresenta, ainda, um tipo de antítese. "O curso das minhas palavras", disse Ifícrates, "passa bem pelo meio dos feitos de Carete" – esta é uma metáfora proporcional, e a frase "bem pelo meio" a torna gráfica. A expressão "chamar um perigo para nos resgatar de outro" é uma metáfora gráfica. Licoleon disse em defesa de Cábrias: "Não respeitaram sequer aquela sua estátua de bronze que por ele ali intercede". Esta era uma metáfora naquele momento, embora nem sempre se aplicasse; uma metáfora vívida, no entanto; Cábrias está em perigo, e sua estátua intercede por ele – aquela coisa inanimada, mas viva, que é o registro de seus serviços ao país. "Praticar de todas as maneiras a pequenez da mente" é metafórico, pois praticar uma qualidade implica aumentá-la. O mesmo se dá em: "Deus acendeu nossa razão para servir de candeia em nossa alma", porque tanto a razão quanto a luz tornam as coisas claras. Assim também é em "não encerramos nossas guerras, mas apenas adiamo-las", afinal tanto o adiamento literal quanto a paz produzida desse modo implicam ação futura. Também assim é o ditado "Este tratado é muito mais nobre troféu do que aqueles que erigimos em campos de batalha; estes celebram pequenos ganhos e sucessos isolados; aquele celebra nosso triunfo na guerra como um todo", pois tanto o troféu quanto o tratado são sinais de vitória. Pode-se observar o mesmo em: "Um país presta uma pesada conta ao ser condenado pelo julgamento da humanidade", porque uma prestação de contas implica um dano merecidamente sofrido.

11

Já se mencionou que a vivacidade é obtida usando metáforas do tipo proporcional e sendo prolíferas (isto é, levando seus ouvintes a enxergar as coisas). Ainda temos que explicar o que queremos dizer com "enxergar as coisas", e o que fazer para consegui-lo. Por "levá-los a enxergar as coisas" refiro-me a usar expressões que representam as coisas em um estado de atividade. Assim, dizer que um bom homem é "quadrado" é certamente uma metáfora; tanto o bom homem quanto o quadrado são perfeitos; porém tal metáfora não sugere atividade. Por outro lado, na expressão "com seu vigor em plena floração" há uma noção de atividade; como em "contudo deveis vagar tão livre quanto uma vítima sagrada"; e em

Levantaram-se, então, os helenos de um salto,

em que "levantar de um salto" tanto confere atividade como produz uma metáfora, pois também sugere rapidez. O mesmo ocorre com o hábito de Homero de dar vida metafórica a coisas inanimadas – distinguindo-se todas essas passagens pelo efeito de atividade que transmitem. Assim:

Para baixo, em direção ao vale, a pedra ricocheteava impiedosa;

e

A (amarga) flecha voava;

e

Voando ardentemente;

e

Fincada à terra, ainda que desejosa de alimentar-se da carne dos heróis;

e

E a ponta da lança em sua fúria atravessou-lhe o peito.

Em todos esses exemplos, os objetos ganham atividade, pois são transformados em seres vivos; comportamento descarado e fúria, e assim por diante, são todos formas de atividade. E o poeta atribuiu tais ideias às coisas por meio de metáforas proporcionais: como a pedra para

Sísifo, assim é o homem descarado para sua vítima. Também em seus famosos símiles ele trata coisas inanimadas da mesma forma:

Curvadas e com brancas cristas, seguindo-se uma hoste à outra sem cessar.

Aqui ele representa tudo como algo vivo e em movimento; e atividade é movimento.

As metáforas devem ser extraídas, como dissemos, de coisas que se relacionam à coisa original, ainda que sua relação não seja óbvia – assim como na filosofia, uma mente perspicaz perceberá semelhanças mesmo entre coisas distantes. Assim, disse Arquitas que um árbitro e um altar eram a mesma coisa, posto que os feridos recorriam a ambos em busca de refúgio. Ou poderia se dizer que uma âncora e um gancho de teto são a mesma coisa, haja vista serem em certa medida o mesmo, enquanto a âncora segura as coisas de baixo, o gancho segura as de cima. Dizer que estados estão "no mesmo nível" implica identificação entre duas coisas amplamente diferentes, a igualdade de superfície física e a igualdade de poderes políticos.

Especial vivacidade transmite-se por meio da metáfora e por uma adicional surpresa do ouvinte; como este esperava algo diferente, a nova ideia que lhe é posta o impressiona ainda mais. Sua mente parece dizer: "Sim, certamente; nunca havia pensado nisso". A vivacidade das observações epigramáticas se deve ao fato de seu significado não se restringir ao que dizem as palavras, tal como no ditado de Estesícoro em que "as cigarras acabarão por cantar para si mesmas ao chão". Enigmas bem construídos são atraentes pelo mesmo motivo; uma nova ideia é transmitida e há expressão metafórica. O mesmo ocorre com as "novidades" de Teodoro. Nelas, o pensamento é surpreendente e, como ele aponta, não se encaixa dentre as ideias que já se tem. Elas são como as palavras burlescas que se veem entre escritores cômicos. O efeito é produzido até mesmo por piadas construídas por mudanças nas letras de uma palavra; isso também gera surpresa. Tal pode ser observado tanto em versos quanto em prosa. A palavra colocada não é a que o ouvinte imaginava. Assim:

Seguia adiante, calçando frieiras aos pés,

quando se imaginava que a palavra seria "sandálias". Mas o ponto deve estar claro assim que as palavras são proferidas. Piadas feitas pela alteração das letras de uma palavra consistem em significar, não apenas o que se diz, mas algo de uma reviravolta na palavra usada. Um exemplo é a observação de Teodoro sobre Nícon, o harpista: *Thratt' ei su* ("seu escravo trácio"), em que aparenta dizer *Thratteis su* ("seu tocador de harpa"), e nos surpreende ao descobrimos que quer dizer outra coisa. Assim, você se diverte quando percebe o ponto, embora o comentário caia por terra a menos que você esteja ciente de que Nícon é trácio. Ou novamente: *Boulei auton persai*. Em ambos os casos, o ditado deve se adequar aos fatos. O mesmo se aplica aos comentários vivazes como o que diz aos atenienses que seu império (*arche*) marinho não foi o princípio (*arche*) de seus problemas, pois lhes foi proveitoso. Ou quando, de forma contrária, coloca Isócrates, que seu império (*arche*) foi o princípio (*arche*) de seus problemas. De qualquer forma, o falante diz algo inesperado, cuja consistência é reconhecida. Não haveria nada de inteligente em se dizer "império é império". Isócrates quer dizer mais do que isso e usa a palavra com um novo significado. O mesmo ocorre com o ditado anterior, que nega que *arche* em um sentido fosse *arche* em outro sentido. Em todas essas piadas, seja uma palavra empregada noutro sentido ou metaforicamente, a piada será boa se condiz com os fatos. Por exemplo, *Anaschetos* (nome próprio) *ouk anaschetos*; em que se diz que o que é assim-assado em um sentido não é assim-assado noutro; bem, se o homem é desagradável, a piada se encaixa nos fatos. Novamente, temos:

Não deveis ser um estranho mais estranho do que o necessário.

As palavras "não deveis ser" etc. não equivalem a dizer que um estranho(15) não deve ser sempre estranho(16)? Tem-se aqui novamente o uso de uma mesma palavra em diferentes sentidos. Do mesmo tipo é, também, o tão louvado verso de Anaxandrides:

A morte é mais justa antes de realizares

Feitos que justifiquem tua morte.

---

(15) Desconhecido ou estrangeiro.

(16) Excêntrico, esquisito.

Isso equivale a dizer "é apropriado morrer quando não se é digno da morte" ou "é apropriado morrer quando sua morte não é justa", ou seja, quando a morte não é a retribuição adequada para seus atos. O tipo de linguagem empregada é o mesmo em todos esses exemplos; mas, quanto mais breve e antiteticamente as expressões forem postas, mais convincentes serão, pois a antítese imprime a nova ideia com mais firmeza e a brevidade o faz mais prontamente. Elas devem sempre ter uma aplicação pessoal ou mérito de expressão, para que sejam verdadeiras sem caírem no lugar-comum – dois requisitos nem sempre simultaneamente satisfeitos. Assim, "deveria um homem morrer sem ter cometido mal algum" é verdadeiro, porém enfadonho; "o homem certo deve casar-se com a mulher certa" também é verdadeiro, porém enfadonho. Não, ambas as boas qualidades devem vir juntas, como em "é apropriado morrer quando não se é digno da morte". Quanto mais dessas qualidades a expressão comportar, mais vivaz parecerá; se, por exemplo, sua formulação é metafórica, metafórica no sentido correto, antitética e equilibrada, e ao mesmo tempo imprime a ideia de atividade.

Símiles bem-sucedidos são também, como dito, metáforas em certo sentido, uma vez que sempre envolvem duas relações tal como a metáfora proporcional. Assim, um escudo, dizemos, é a "taça de Ares", e um arco é uma "lira sem cordas". Tal maneira de colocar a metáfora não é "simples", como seria se chamássemos o arco de lira ou o escudo de taça. Existem também símiles "simples": pode-se dizer que um flautista é como um macaco, ou que os olhos de um homem míope são como a chama de uma lamparina sobre a qual a água goteja, uma vez que tanto os olhos quanto a chama piscam sucessivamente. Um símile tem mais sucesso quando é uma metáfora convertida, pois é possível dizer que um escudo é como a taça de Ares, ou que uma ruína é como uma casa em trapos, e dizer que Nicerato é como um Filoctetes picado por Prátis – símile produzido por Trasiníaco quando avistou Nicerato, o qual havia sido derrotado por Prátis em uma competição de recitação, perambulando ainda desleixado e sujo. É nesses aspectos que pior falham os poetas, quando falham, e em que são mais bem-sucedidos, quando triunfam, ou seja, quando se valem da semelhança, como em:

Aquelas suas pernas se curvam tais folhas de salsa;

e

Tal como Filamon lutando com seu saco de pancadas.

Todos esses são símiles; e, como já dissemos muitas vezes, os símiles são metáforas.

Provérbios, novamente, são metáforas que vão de uma espécie a outra. Suponha, por exemplo, que um homem comece certo empreendimento na esperança de lucro e, no entanto, perca com isso mais tarde – "Aqui temos mais uma vez o homem de Cárpatos e sua lebre", diz ele. Afinal, ambos passaram igualmente pela referida experiência.

Explicou-se de forma bastante completa como a vivacidade é garantida e por que produz o efeito que produz. Hipérboles bem-sucedidas também são metáforas, por exemplo, aquela sobre o homem com um olho roxo, "poderia pensar-se que ele era uma cesta de amoras"; aqui o "olho roxo" é comparado à amora por sua cor, o exagero reside na quantidade de amoras sugerida. A frase "tal como fulano" pode introduzir uma hipérbole sob a forma de um símile. Assim, "Tal como Filamon lutando com seu saco de pancadas" é equivalente a "Poderia pensar-se que ele era o próprio Filamon lutando com seu saco de pancadas"; e "Aquelas suas pernas se curvam tais folhas de salsa" equivale a "Suas pernas são tão curvas que poderia pensar-se que não eram pernas, mas folhas de salsa". Hipérboles servem bem aos homens jovens; elas mostram veemência de caráter; e é por essa razão que pessoas raivosas as usam mais do que as outras.

Não, embora me ofertasse tanto quanto a poeira

ou as areias do mar...

Porém com ela, a filha do filho de Atreu, nunca hei de casar-me,

Não, embora fosse mais bela que Afrodite, a Dourada,

Mais habilidosa que Atena...

(Os oradores áticos são particularmente apegados a esse método de discurso.) Consequentemente, ele não é adequado a um velho orador.

12

Deve-se observar que para cada tipo de retórica há um estilo adequado. O estilo da prosa escrita não é o da oratória falada, tampouco são os mesmos os da oratória política e forense. Tanto os estilos de escrita quanto de fala devem ser conhecidos. Conhecer o último é saber falar bem grego. Conhecer o primeiro implica não se ver obrigado, como de outra forma seria, a segurar a língua quando deseja comunicar algo ao público em geral.

O estilo escrito é mais aprimorado; o oral admite melhor a exposição dramática – como o tipo de oratória que reflete caráter e o que reflete emoção. Portanto, os atores buscam peças escritas no último estilo, e os poetas, atores competentes para atuar em tais peças. No entanto, os poetas cujas peças são criadas para serem lidas são lidos e circulados: Queremon, por exemplo, que é tão aprimorado quanto um escritor de discursos profissional; e Licímnio entre os poetas ditirâmbicos. Comparados com os de outros, os discursos dos escritores profissionais soam fracos em competições. Os discursos dos oradores, por outro lado, soam bem aos ouvidos, mas parecem amadores o suficiente quando passam às mãos de um leitor. Isso somente ocorre por serem muito adequados a verdadeiras disputas, contendo, portanto, muitos toques dramáticos, que, roubados de sua representação dramática, falham em levar adequadamente a cabo seu trabalho e, consequentemente, parecem tolos. Dessa forma, sequências de palavras desconexas e repetições constantes de palavras e frases são muito apropriadamente condenadas nos discursos escritos, mas não nos discursos orais – os oradores as usam livremente, pois produzem efeito dramático. Nessa repetição, deve haver variedade de tom, abrindo caminho, por assim dizer, para um efeito dramático; por exemplo, "É este, dentre vocês, o vilão que os iludiu, que os enganou, que pretendia traí-los completamente". Esse é o tipo de coisa que o ator Filêmon costumava fazer na *Loucura dos Velhos* de Anaxandrides sempre que ele pronunciava as palavras "Radamanto e Palamedes", e também, no prólogo aos *Santos*, sempre que pronunciava o pronome "eu". Se alguém não profere tais coisas de forma inteligente, acaba-se com um caso "do homem que engoliu um atiçador". O mesmo acontece com sequências de palavras desconexas, por exemplo, "Eu vim até ele; encontrei-o; supliquei-lhe". Tais passagens devem ser atuadas, e não expressas com a mesma qualidade e mesmo tom de voz, como se comportassem uma única ideia. Elas têm a peculiaridade adicional de sugerir que se produziu uma série de declarações separadas no tempo geralmente ocupado por uma única. Assim como o uso de conjunções transforma múltiplas declarações em uma só, a omissão de conjunções age de maneira inversa e transforma uma única em muitas. Desse modo, torna tudo mais importante, como: "Eu fui até ele; falei-lhe; supliquei-lhe" – quantos fatos! o ouvinte pensa "ele não prestou atenção a nada do que eu disse". Esse é o efeito que Homero busca quando escreve,

Nireu também de Sime (três navios bem feitos trouxeram),

Nireu, o filho de Aglaia (e Caropo, rei de faces radiantes),

Nireu, o mais gracioso homem (dentre todos na praia de Ílio).

Se muitas coisas são ditas sobre um homem, seu nome deve ser mencionado muitas vezes; e, portanto, se seu nome é mencionado muitas vezes, acredita-se que muitas coisas foram ditas a seu respeito. De modo que Homero, por meio dessa ilusão, engrandeceu-o, embora o tenha mencionado somente nesta passagem, e preservou sua memória, embora nenhuma palavra sobre ele possa ser encontrada depois. Agora, o estilo de oratória conducente às assembleias públicas assemelha-se verdadeiramente à pintura de paisagens. Quanto maior a multidão, mais distante será o ponto de vista: de modo que, tanto em uma quanto em outra, o grande aprimoramento de detalhes é supérfluo e é melhor que seja dispensado. O estilo forense é altamente aprimorado, justamente por ser um estilo de linguagem dirigido a um único juiz, perante o qual há muito pouco espaço para artifícios retóricos, haja vista que este pode compreender melhor o panorama geral e julgar o que é ou não relevante; o esforço é menos intenso e, consequentemente, o julgamento é imperturbável. É por esse motivo que os mesmos oradores não se distinguem em todos esses ramos ao mesmo tempo; maior aprimoramento é tanto menos desejável quanto maior o for a execução dramática, e aqui o orador deve ter uma voz boa e, acima de tudo, forte. A oratória cerimonial é a mais literária, pois é feita para ser lida, ao lado da qual se encontra a oratória forense.

Analisar o estilo mais a fundo, e acrescentar que deve ser agradável ou magnífico, é inútil, por que ele deveria valer-se de tais características mais do que de "contenção", "liberalidade" ou qualquer outra excelência moral? Obviamente, a agradabilidade será produzida pelas qualidades já mencionadas, se nossa definição de excelência de estilo estiver correta. Por qual outra razão o estilo deveria ser "claro", e "não mesquinho", mas "apropriado"? Se é prolixo, não é claro; tampouco o é se for curto. Claramente, o caminho do meio é o mais adequado. Novamente, o estilo se tornará agradável pelos elementos mencionados, a saber, por uma boa mistura de palavras comuns e incomuns, pelo ritmo e pela persuasão que advêm de sua adequação.

Conclui-se assim, a discussão sobre estilo, tanto em seus aspectos gerais quanto em relação às suas aplicações especiais aos vários ramos da retórica. Lidemos agora com o Arranjo.

13

Um discurso compõe-se de duas partes. Deve-se expor o caso e prová-lo. Não se pode expor o caso e deixar de prová-lo, ou prová-lo sem primeiro tê-lo exposto, dado que qualquer prova deve ser prova de algo, e o único uso de uma declaração preliminar é a prova que a segue. Dessas duas partes, a primeira é chamada de Exposição do caso, a segunda parte de Argumento, assim como distinguimos entre Enunciação e Demonstração. A divisão corrente é absurda, pois a "narração" certamente compete somente ao discurso forense. Como pode haver "narração" em um discurso político ou demonstrativo, no sentido técnico? Ou uma resposta a um oponente forense? Ou um epílogo em discursos bem fundamentados? Assim também, introdução, comparação de argumentos conflitantes e recapitulação são encontradas apenas em discursos políticos em que há uma disputa entre duas políticas. Elas podem ocorrer então; tanto quanto a acusação e a defesa, com certa frequência; entretanto, não formam parte essencial de um discurso político. Mesmo discursos forenses nem sempre carecem de epílogos; não, por exemplo, um discurso curto, nem um em que os fatos sejam fáceis de lembrar, sendo o efeito de um epílogo sempre um encurtamento. Segue-se daí que as únicas partes necessárias de um discurso são a Exposição e o Argumento. Essas são as características essenciais de um discurso; e ele não pode, em nenhum caso, apresentar mais do que Introdução, Exposição, Argumento e Epílogo. A "Refutação do Oponente" faz parte dos argumentos; tal qual a "Comparação" do caso do oponente com o seu, pois esse processo se coloca como uma ampliação do seu próprio caso, fazendo, portanto, parte dos argumentos, já que quem assim faz, prova algo. A Introdução não faz nada parecido com isso; nem o Epílogo – este apenas nos relembra o que já foi dito. Se fizermos tais distinções, terminaremos, como Teodoro e seus seguidores, distinguindo "narração" propriamente dita de "pós-narração" e "pré-narração", bem como "refutação" de "refutação final". No entanto, somente devemos introduzir um novo nome se ele indicar uma espécie real com qualidades específicas distintas; caso contrário, a prática é tão inútil e tola como a maneira como Licínio inventou nomes em *Arte da retórica* – "Secundação", "Divagação", "Ramificação".

14

A Introdução é o início de um discurso, correspondendo ao prólogo na poesia e ao prelúdio na música para flauta; estes todos são princípios, abrindo caminho, por assim dizer, para o que está por vir. O prelúdio musical se assemelha à introdução de discursos demonstrativos; assim como os flautistas primeiramente tocam alguma passagem brilhante que conhecem bem e então a encaixam nas notas de abertura da peça em si, assim também, em discursos demonstrativos, o escritor deve proceder da mesma forma; ele deve começar com o que mais lhe agrada, e então introduzir seu tema e conduzi-lo; o que é de fato o que sempre é feito. (Tome-se como exemplo a introdução à *Helena* de Isócrates – não há nada em comum entre a "erística" e a *Helena*.) Aqui cabe até mesmo que você se afaste do seu assunto, para além disso deve haver semelhança ao longo de todo o discurso.

O assunto habitual para as introduções a discursos de exibição é algum elogio ou censura. Assim, Górgias escreve em seu *Discurso Olímpico*: "Mereceis vasta admiração, homens da Grécia", elogiando, desse modo, aqueles que iniciaram as celebrações do festival. Isócrates, por outro lado, os censura por conceder distinções a atletas excelentes, sem, contudo, oferecer prêmio algum aos de capacidade intelectual. Ou se pode começar com um conselho: "Deve-se honrar os homens bons e, por isso, eu faço um elogio a Aristides" ou "Devemos honrar os homens impopulares, que, entretanto, não são maus; homens cujas virtudes nunca foram notadas, como Alexandre, filho de Príamo". Aqui, o orador dá conselhos. Ou podemos principiar como fazem os oradores nos tribunais, isto é, com apelos ao público para que nos desculpem caso o tema de nosso discurso seja paradoxal, difícil ou banal; como faz Quérilo em:

Agora, porém que está feita divisão de tudo...

As introduções aos discursos de exibição, portanto, podem ser compostas de elogio ou censura, de conselhos quanto a fazer ou não algo, ou de apelos ao público; e deve-se escolher se tais passagens preliminares terão ou não conexão com o discurso em si.

É importante observar que as introduções aos discursos forenses carregam o mesmo valor que os prólogos dos dramas e as introduções a poemas épicos; o prelúdio ditirâmbico assemelha-se à introdução de um discurso demonstrativo, como em:

Para ti, e teus dotes, e teus despojos de batalha...

Em prólogos e na poesia épica, faz-se uma prévia do tema, de modo a informar os ouvintes a tal respeito com antecedência, em vez de manter suas mentes em suspense. Tudo o que é vago os confunde; então, oferece-se a eles uma noção do começo à qual podem se apegar e seguir o argumento. Assim, encontramos:

Canta, ó deusa da canção, sobre a Ira...

Fala-me, ó Musa, sobre o herói...

Guia-me a contar uma nova história sobre como uma grande guerra veio à Europa

Desde terras asiáticas...

Os poetas trágicos também nos mostram o ponto central de sua peça; se não no início, como Eurípides, ao menos no prefácio de um discurso, como Sófocles:

Políbio era meu pai...

E o mesmo ocorre na Comédia. Essa é a função mais essencial e a propriedade mais distintiva da introdução: mostrar qual é o objetivo do discurso. Por isso, não se deve empregar introdução quando o assunto não for extenso ou intrincado.

Os outros tipos de introdução empregados têm propósito corretivo e podem ser usados em qualquer tipo de discurso. Eles referem-se ao orador, ao ouvinte, ao sujeito ou ao oponente do orador. Os que fazem referência ao próprio orador ou a seu oponente têm intenção de remover ou excitar preconceito. No entanto, enquanto o réu começar às voltas com esse tipo de coisa, o promotor tomará outra linha e se voltará para tais questões na parte final do discurso. Não é difícil perceber a razão disso. O réu, ao se apresentar no palco, deve desfazer quaisquer obstáculos e, portanto, começa removendo qualquer preconceito contra si. Entretanto, se a intenção é excitar preconceito, deve-se fazê-lo ao final, para que os juízes se lembrem mais facilmente do que foi dito.

O apelo ao ouvinte visa garantir sua boa vontade, ou despertar seu ressentimento, ou, às vezes, atrair sua atenção de forma séria para o caso, ou mesmo distraí-lo – pois atrair a atenção nem sempre é uma vantagem, por esse motivo, os oradores muitas vezes tentarão despertar-lhe o riso.

Pode-se escolher qualquer meio à disposição para tornar o ouvinte receptivo; entre outras coisas, produzir nele uma boa impressão de seu caráter, o que sempre ajuda a garantir sua atenção. Ele estará pronto para atender a qualquer coisa que o toque e a qualquer coisa que seja importante, surpreendente ou agradável; assim, o orador deve, portanto, dar-lhe a impressão de que assim é aquilo que se tem a dizer. Caso deseje distrair sua atenção, deve-se sugerir que o assunto não o afeta, ou que é trivial ou desagradável. Note-se, porém, que isso tudo não tem nada a ver com o discurso em si. Referem-se somente à tendência medíocre do ouvinte a dar ouvidos ao que não vem ao caso. Não havendo tal tendência, não será necessária outra introdução além de uma exposição resumida acerca do assunto, para, por assim dizer, colocar uma cabeça no corpo principal do discurso. Além disso, chamar a atenção, quando necessário, pode ser igualmente útil em qualquer parte de um discurso; na verdade, seu início é exatamente onde há menos folga de interesse; portanto, é ridículo fazer esse tipo de coisa no início, quando já estão todos ouvindo com maior atenção. Escolha, portanto, um ponto qualquer do discurso em que tal apelo seja necessário e, em seguida, diga: "Peço, agora, que se observe este ponto – ele lhe diz respeito tanto quanto a mim"; ou

Irei contar-lhe sobre algo que, para terror ou espanto, nunca se ouviu falar.

Isso é o que Pródico chamou de "introduzir uma pequena palestra de cinquenta dracmas para o público toda vez que começassem a cabecear". Tais introduções, evidentemente, não se dirigem a ouvintes ideais, mas aos ouvintes tal como os encontramos. O uso de introduções para excitar preconceitos ou dissipar desconfianças é universal:

Meu senhor, não o direi precipitadamente...

ou

Por que todo esse prefácio?

Os que mais se valem das introduções são aqueles cujo caso é ou parece ser fraco; vale a pena deter-se em qualquer coisa em vez dos fatos em si. É por isso que os escravos, em vez de responder às perguntas que lhes são feitas, respondem de forma indireta, com longos preâmbulos. Já descrevemos os meios de estimular a boa vontade dos ouvintes bem como diversos outros sentimentos do mesmo tipo. Bem diz o poeta:

Que, em minha vinda, eu possa encontrar nos corações dos feácios boa vontade e compaixão;

são essas as duas coisas a que devemos visar. Em discursos demonstrativos, devemos fazer com que o ouvinte sinta que o elogio inclui a si mesmo ou sua família, ou seu modo de vida, ou algo do tipo. É verdade, como Sócrates diz no *Discurso Fúnebre*, que "A dificuldade está em elogiar os atenienses não em Atenas, mas em Esparta".

Produzem-se as introduções da oratória política com base nos mesmos materiais que as do tipo forense, embora a natureza da oratória política as torne muito raras. O assunto já é conhecido e, portanto, os fatos do caso não carecem de introdução; no entanto, pode-se ter que dizer algo de si mesmo ou de seus oponentes; ou os presentes podem estar inclinados a tratar do assunto mais ou menos seriamente do que se deseja. Pode ser necessário, então, excitar ou dissipar algum preconceito, ou fazer com que o assunto em discussão pareça mais ou menos importante do que antes; para qualquer desses propósitos, opta-se por uma introdução. Pode-se também almejar adicionar elegância aos comentários, pois, de outra forma, teriam um ar casual, como o elogio de Górgias aos eleanos, em que, sem qualquer discussão ou embate preliminar, começa imediatamente com: "Afortunada cidade de Élis!"

15

Ao lidar com preconceito, um tipo de argumento possível é aquele pelo qual se pode dissipar suposições questionáveis sobre si mesmo. Não há diferença prática se a suposição foi posta em palavras ou não, de modo que tal distinção pode ser ignorada. Outra maneira consiste em enfrentar qualquer questão de forma direta, negando o fato alegado. De outro modo, pode-se dizer que você não fez mal algum, ou não o fez a ele, ou não tanto quanto diz; ou que lhe foi injusto, ou não muito; ou que você nada fez de vergonhoso, ou não o suficiente para ser relevante. São esses os tipos de questões em torno das quais a disputa gira. Assim, Ifícrates, em resposta a Nausícrates, admitiu que havia cometido o ato alegado, e que havia prejudicado a Nausícrates, mas não que houvesse lhe injustiçado. Ou se pode admitir o erro, porém equipará-lo com outros fatos e dizer que, ainda que o tenha prejudicado, foi um ato honroso; ou que, se lhe causou dor, pelo menos lhe fez bem;

ou algo assim. Outro modo é alegar que sua ação decorreu de um erro, ou de má sorte, ou de necessidade, como Sófocles, que afirmou que não estava tremendo para que pensassem que era velho, como acusava seu caluniador, mas sim porque não podia evitar; ele preferiria não ter oitenta anos. Pode-se equiparar o motivo com a ação em si, dizendo, por exemplo, que não pretendia feri-lo, mas sim fazer isso e aquilo; que não fez o que é falsamente acusado de fazer – o dano foi acidental – "Eu seria de fato uma pessoa detestável se tivesse produzido tal resultado deliberadamente". Outra forma se apresenta quando seu caluniador, ou uma de suas conexões, está ou esteve sujeito às mesmas suspeitas. Ainda outra, quando outros estão sujeitos às mesmas suspeitas, mas delas são considerados inocentes; por exemplo, "Acaso sou um libertino por andar bem-arrumado? Então também fulano deve ser". Outra, se outros foram caluniados pelo mesmo homem ou por outra pessoa, ou, sem serem caluniados, foram suspeitos do mesmo que você é agora, e ainda assim foram declarados inocentes. Outra maneira implica devolver calúnia com calúnia e dizer: "É monstruoso confiar nas declarações de um homem quando não se pode confiar no próprio homem". Ainda outra se apresenta quando a questão já foi decidida. É o que ocorre com a resposta de Eurípides a Higienon, que, em um processo relativo a uma troca de propriedade, o acusou de impiedade por ter encorajado o perjúrio ao escrever:

Minha língua prestou juramento; não há juramento em minha alma.

Eurípides argumentou que seu próprio oponente era culpado por trazer casos aos tribunais cuja decisão pertencia às disputas dionisíacas. "Caso lá eu ainda não tenha respondido por minhas palavras, estou pronto para fazê-lo se lá me processar". Outro método consiste em denunciar a calúnia, mostrando sua enormidade e, em particular, apontando que levanta falsas questões e que implica falta de confiança nos méritos de seu caso. Do argumento com base em evidências circunstanciais valem-se ambas as partes. Assim, no *Teucro*, Odisseu acusa Teucro de estar intimamente ligado a Príamo, uma vez que sua mãe Hesíona era irmã de Príamo. A isso Teucro responde que seu pai, Telamon, era inimigo de Príamo, e que ele próprio não traiu os espiões para Príamo.

Outro método, adequado para o caluniador, é elogiar extensamente algum mérito insignificante, e, a seguir, atacar concisamente alguma falha importante; ou, após mencionar uma série de virtudes, atacar uma falta que realmente incide sobre a questão. Tal é o método dos promotores tão habilidosos quanto inescrupulosos. Ao misturar os méritos do homem com seus defeitos, fazem o melhor que podem para usá-los em seu prejuízo.

Há outro método, que serve tanto ao caluniador quanto ao apologista. Haja vista uma dada ação poder ser realizada por diversos motivos, o primeiro deve tentar menosprezá-la selecionando o pior dentre dois motivos, enquanto o último esforça-se para dar-lhe a melhor construção. Assim, pode-se argumentar que Diomedes escolheu Odisseu como seu companheiro porque supôs que ele era o melhor homem para o propósito; ao que se pode responder que foi o contrário, por ser o único herói tão inútil que Diomedes não precisava temer sua rivalidade.

16

Podemos avançar, então, do assunto da calúnia ao da Narração.

A narração na oratória cerimonial não é contínua, mas intermitente. Deve haver, evidentemente, um levantamento das ações que compõem o assunto do discurso. O discurso é uma composição de duas partes. Uma destas não se produz pela arte do orador, ou seja, as ações em si, das quais o orador não é, em nenhum sentido, autor. A outra parte é produção de sua arte, isto é, a prova (quando tal for necessária) de que as ações ocorreram, a descrição de sua qualidade ou extensão, ou mesmo as três coisas juntas. Agora, a razão pela qual, às vezes, não é desejável tornar a narrativa toda contínua é que é difícil manter em mente o caso assim exposto. Mostre, portanto, com base em um conjunto de fatos, que seu herói é, por exemplo, corajoso, e, com outros conjuntos de fatos, que é capaz, justo etc. O discurso assim organizado é comparativamente simples, em vez de complicado e elaborado. Será necessário se lembrar de feitos bem conhecidos por outros e o motivo para tal. O ouvinte geralmente não precisa que estes sejam narrados;

não necessitam narração alguma, por exemplo, se o objetivo é o louvor de Aquiles – todos nós conhecemos os fatos de sua vida, o que resta a fazer é aplicar esses fatos. Mas se o objetivo é o louvor de Crítias, é preciso narrar seus feitos, que muitos desconhecem...

Hoje em dia, diz-se, absurdamente, que a narração deve ser ligeira. Lembre-se do que o homem disse ao padeiro que havia lhe perguntado se deveria fazer o bolo duro ou mole: "O quê? Você não pode fazer direito?". Aqui se passa o mesmo. Não devemos fazer narrações extensas, assim como não devem ser extensas as introduções ou os argumentos. Aqui, novamente, a correção não consiste nem na rapidez nem na concisão, mas sim no meio-termo, isto é, dizer apenas o suficiente para tornar os fatos claros, ou levar o ouvinte a acreditar que algo ocorreu, ou que o homem causou danos ou injustiça a alguém, ou que os fatos são realmente tão importantes quanto você deseja que o considerem – ou os fatos opostos para estabelecer os argumentos opostos.

À medida que se avança, pode-se também narrar o que quer que lhe dê crédito, por exemplo, "Continuei dizendo a ele para cumprir seu dever e não abandonar seus filhos"; ou o que quer que desacredite seu adversário, por exemplo, "Mas ele respondeu-me que, onde quer que estivesse, lá encontraria outros filhos", a resposta dos amotinados egípcios registrada por Heródoto. Acrescente qualquer outra coisa que agrade aos juízes.

O réu fará menor uso da narração. Ele precisa reafirmar que aquilo não sucedeu, ou que não causou danos, ou que não foi injusto, ou que não é uma injustiça tão severa quanto se alega. Não deve, portanto, perder tempo com o que é de fato admitido, a menos que isso tenha relação com sua própria alegação; por exemplo, que aquilo sucedeu, porém não foi injusto. Além disso, devemos falar dos eventos como passados e findados, exceto quando excitam pena ou indignação ao serem representados como presentes. A história contada a Alcino é um exemplo de uma breve crônica, quando é repetida a Penélope em sessenta versos. Outro exemplo é o modo como o *Ciclo Épico* é tratado por Failo, e o prólogo do Eneu.

A narração deve retratar o caráter; para tanto, é necessário que se saiba o que a leva a isso. Um desses fatores é a indicação de propósito moral. A qualidade do propósito indicado, a um só tempo, determina a qualidade do caráter sendo retratado e é determinada pela finalidade pretendida. Por esse motivo, os discursos matemáticos não exprimem caráter algum; eles nada têm a ver com propósito moral, visto que não representam alguém em busca de uma finalidade qualquer. Por outro lado, os diálogos socráticos descrevem caráter, uma vez que se ocupam de questões morais. Tal propósito também será alcançado descrevendo-se as manifestações de tipos de caráter variados, como: "Ele continuou caminhando enquanto falava", o que demonstra a imprudência e grosseria do homem. Cuide para que suas palavras não pareçam tão inspiradas pela inteligência, como se observa nos tempos atuais, quanto pelo propósito moral. Por exemplo: "Eu desejei isso; sim, era meu propósito moral; verdade, nada ganhei com isso, todavia tanto melhor que seja assim", porque aquela forma denota bom senso, enquanto esta, bom caráter. Pelo bom senso perseguimos o que é útil e, pelo bom caráter, o que é nobre. Sempre que um detalhe possa parecer inacreditável, apresente sua causa; disso, Sófocles fornece um exemplo na *Antígona*, em que Antígona diz que se importava mais com seu irmão do que com o marido ou os filhos, pois, se estes morressem, poderiam ser substituídos.

Mas, visto que meu pai e minha mãe em seus túmulos
Jazem mortos, não nascerá nenhum irmão meu.

Se não for possível sugerir a causa, apenas assinale que está ciente de que ninguém acreditará em suas palavras, mas o fato é que tal é a nossa natureza, por mais que seja difícil acreditar que o homem não realiza deliberadamente nada que não lhe gratifique. Novamente, deve-se fazer uso das emoções. Relate suas manifestações familiares bem como aquelas que distinguem você e seu oponente; por exemplo, "ele se foi lançando a mim um olhar de desagrado". Dessa forma, Ésquines descreveu Crátilo: "Sibilando de fúria e agitando os punhos". Tais detalhes carregam convicção – o público toma a verdade da evidência como a verdade do que desconhece. Muitos detalhes desse tipo podem ser encontrados em Homero:

Ela assim disse, mas a velha escondeu o rosto nas mãos.

Eis um belo toque: as pessoas levam as mãos sobre os olhos quando começam a chorar.

Sobre o palco, apresente-se desde o início no personagem certo para que seja considerado sob essa luz; o mesmo vale para seu adversário. Não deixe, todavia, que transpareça o que está fazendo. Nota-se o quão facilmente tais impressões podem ser transmitidas, quando, pelo mero olhar do mensageiro, alcançamos alguma noção sobre as notícias desconhecidas que ele nos traz. Utilize-se de narrativa em partes variadas de seu discurso; e, às vezes, nenhuma em seu início.

Na oratória política, há pouca abertura para narração; não se pode "narrar" o que ainda não sucedeu. Se houver narração, esta será de eventos passados, cuja lembrança ajudará os ouvintes a conceber planos melhores para o futuro. Ou pode ser empregada para atacar o caráter de alguém, ou para elogiá-lo – todavia, então, não se estará fazendo o que o orador político, como tal, deve fazer. Se qualquer declaração feita for difícil de acreditar, você deve garantir sua veracidade e imediatamente oferecer uma explicação para, então, prover-lhe com os detalhes esperados. Assim, Jocasta de Cárcino, em *Édipo*, continua garantindo a veracidade de suas respostas às perguntas do homem que procura seu filho; e o mesmo com Hémon, de Sófocles.

17

O papel dos Argumentos é tentar fornecer provas demonstrativas. Tais provas devem incidir diretamente sobre a questão em disputa, que deve se enquadrar em um dos quatro tópicos: *(1)* caso afirme que o ato não foi cometido, sua principal tarefa no tribunal é provar isso. *(2)* Caso afirme que o ato não causou danos, prove isso. Se você afirma que o ato *(3)* foi menos grave do que o alegado, ou que *(4)* foi justificado, prove tais fatos, do mesmo modo como provaria que o ato não foi cometido se tal fosse seu posicionamento.

Cabe salientar que somente quando a questão em disputa se enquadra no primeiro desses tópicos é que uma das duas partes envolvidas é necessariamente mal intencionada. Aqui não se pode alegar ignorância, diferentemente de quando a disputa recai sobre ser o ato justificável ou não. Tal argumento, portanto, deve ser usado somente nesse caso, e não nos outros.

Nos discursos cerimoniais, o caso se desenvolverá principalmente em torno de argumentos acerca, por exemplo, da nobreza ou utilidade de um feito. Os fatos em si serão considerados confiáveis; sua prova é apresentada somente nas raras ocasiões em que não forem facilmente críveis ou quando tiverem sido atribuídos a outrem.

Em discursos políticos, pode-se sustentar a ideia de que certa proposta é impraticável; ou que, ainda que praticável, é injusta, ou não será benéfica, ou que não é tão importante quanto pensa seu proponente. Atente-se a quaisquer falsidades sobre assuntos irrelevantes – elas fazem parecer que também suas outras declarações são falsas. O argumento pelo "exemplo" é bastante adequado à oratória política, o argumento pelo "entimema" se adapta melhor à forense. A oratória política lida com eventos futuros, em relação aos quais não se pode fazer mais do que citar exemplos de eventos passados. A oratória forense lida com o que é ou não verdade no momento presente, o que se pode demonstrar melhor, visto que não é contingente – não há contingência naquilo que aconteceu agora. Não use uma sucessão contínua de entimemas; intercale-os com outros assuntos, caso contrário, eles estragarão o efeito um do outro. Também seu número deve ser limitado: Amigo, falaste tanto quanto um homem sensato o faria. "Tanto quanto" diz Homero, não "tão bem quanto". Tampouco se deve tentar produzir entimemas para cada ponto; se fizer isso, você estará agindo como certos estudantes de Filosofia, cujas conclusões são mais familiares e críveis do que as premissas das quais são extraídas. Ainda, evite o formato do entimema quando estiver tentando despertar emoções, porque ele matará a emoção ou será inefetivo – todo movimento simultâneo tende a cancelar um ao outro, completa ou parcialmente. Tampouco, deve-se empregar o entimema em uma passagem que retrata o caráter – o processo demonstrativo não pode expressar nem o caráter, nem o propósito moral. Convém empregar máximas nos Argumentos – assim como na Narração –, uma vez que expressam caráter: "Dei-lhe isto, embora saiba que não se deve 'Confiar em ninguém'". Ou, se estiver apelando às emoções, "Não me arrependo, ainda que tenha sido prejudicado; se ele tem o lucro ao seu lado, eu tenho a justiça ao meu".

Produzir oratória política é tarefa mais difícil do que a forense; o que é natural, posto que lida com o futuro, enquanto o pleiteador lida com o passado, a respeito do qual, como disse Epimênides de Creta, até mesmo os adivinhos já sabem. (Epimênides não praticava adivinhação sobre o futuro; apenas sobre as obscuridades do passado.) Além disso, a lei fundamenta a oratória forense; e, tendo-se um ponto de partida, pode-se provar o que quer que seja com relativa facilidade. Portanto, fica reiterado que a oratória política oferece poucas chances para digressões vagarosas destinadas a atacar o adversário, falar sobre si mesmo ou excitar as emoções de seus ouvintes; menos chances, de certo, do que qualquer outra oferece, a menos que se tenha o claro propósito de desviar a atenção dos ouvintes. Consequentemente, caso se encontre em dificuldade, siga o exemplo dos oradores atenienses e de Isócrates, que realiza ataques regulares às pessoas ao longo de um discurso político, como faz, por exemplo sobre os lacedemônios no *Panegírico*, e sobre Carete no discurso sobre os aliados. Na oratória cerimonial, intercale seu discurso com pequenos episódios de elogio, como Isócrates, que introduz sempre alguém com tal propósito. E é a isso que se referia Górgias ao dizer que sempre encontrava algo a ser dito. Ao falar sobre Aquiles, ele elogia Peleu, depois Éaco, depois Zeus; e fazia o mesmo ao abordar a virtude da coragem, descrevendo seus bons resultados e a retratando.

Agora, se tiver provas para apresentar, apresente tanto elas como seu discurso moral; se não tiver entimemas, recorra ao discurso moral – afinal, é mais adequado que um homem virtuoso se mostre como um sujeito honesto do que como um ponderador sutil. Entimemas refutativos são mais populares do que os demonstrativos, pois sua coerência lógica é mais marcante e os fatos acerca de dois opostos sempre se destacam claramente quando os dois são postos lado a lado.

A "Réplica ao Oponente" não é uma divisão separada do discurso;

desmantelar o caso do oponente faz parte dos Argumentos, seja por objeção ou por contrassilogismo. Tanto nos discursos políticos quanto em um pleito jurídico, quando se é o primeiro orador, deve-se apresentar seus próprios argumentos primeiro para, então, confrontar os argumentos adversários, refutando-os e desmantelando-os de antemão. Se, todavia, o caso adversário contiver uma grande variedade de argumentos, comece por eles, assim como Calístrato na assembleia messênia, quando ele destroçou os argumentos que provavelmente seriam usados contra ele antes mesmo de apresentar os seus. Quando se fala após o oponente, deve-se, primeiro, por meio de refutação e contrassilogismo, buscar alguma resposta ao seu discurso, especialmente caso seus argumentos tenham sido bem recebidos. Assim como nossa mente recusa uma recepção favorável a alguém contra quem temos preconceitos, também recusa um discurso quando foi favoravelmente impressionada pelo discurso adversário. É necessário, desse modo, abrir espaço na mente da audiência para o discurso que se segue; e isso será logrado tirando do caminho o discurso do oponente. Então, primeiro ataque-o – no todo, ou quanto a seus principais pontos, mais bem-sucedidos, ou mais vulneráveis e, desse modo, inspire confiança no que se tem a dizer:

Primeiro, serei campeão das Deusas...

Jamais, tenho para mim, Hera...

Aqui, o orador atacou primeiro o argumento mais tolo. Suficiente foi dito dos Argumentos.

Em relação ao elemento de caráter moral, há afirmações que, a seu respeito, podem despertar antipatia, parecer tediosas ou expô-lo ao risco de contradição; como há outras coisas que não podem ser ditas sobre seu oponente sem fazer que você pareça ofensivo ou mal-educado. Coloque tais observações, portanto, na boca de uma terceira pessoa. É o que faz Isócrates em *Filipe* e em *Antídose*, e Arquíloco em suas sátiras. Este último representa o próprio pai atacando a filha de forma satírica:

Não pense que nada é impossível,

Nem jure que tal não ocorrerá...

Assim como atribui a Cáron, o carpinteiro, a sátira que começa:

Nem mesmo pela riqueza de Giges...

O mesmo faz também Sófocles quando Hêmon apela a seu pai em nome de Antígona, como se fossem outros que estivessem falando.

Novamente, convém, às vezes, reafirmar seus entimemas em forma de máximas; por exemplo, "Homens sábios chegarão a um acordo na hora do sucesso; pois mais têm a lucrar se assim fizerem". Expresso como um entimema, teríamos: "Se devemos chegar a um acordo no momento que mais vantagem nos propiciará, então devemos chegar a um acordo na hora do sucesso".

18

A seguir, tratemos do interrogatório. O melhor momento para empregá-lo é quando a resposta do oponente seja tal que uma pergunta adicional o faça cair no absurdo. Assim, Péricles questionou Lâmpon quanto ao modo de celebrar os ritos da Deusa Salvadora. Lâmpon declarou que uma pessoa não iniciada jamais poderia ser informada a respeito de tais ritos. Péricles então perguntou: "Tu os conhece?" "Sim", respondeu Lâmpon. "Por quê?", disse Péricles, "Como isso é possível, se não és iniciado?".

Outro momento propício dá-se quando, sendo uma das premissas de um argumento obviamente verdadeira, o oponente está fadado, ao ser questionado, a confirmar a veracidade da outra. Tendo primeiro obtido tal confirmação, não se deve interrogá-lo quanto ao que é obviamente verdadeiro, apenas declarar, você mesmo, a conclusão que disso se tira. Assim, quando Meleto negou que Sócrates acreditava na existência de deuses, mas admitiu que este falava sobre um poder sobrenatural, Sócrates procedeu a perguntar "Seres sobrenaturais não são os filhos dos deuses ou, de qualquer forma, divinos?", "Sim", disse Meleto, "Então", respondeu Sócrates, "seria possível crer na existência de filhos dos deuses sem crer na existência dos próprios deuses?". Outra ocasião favorável ocorre quando se espera demonstrar que o oponente está contradizendo suas próprias palavras ou aquilo que todos acreditam. Uma quarta ocasião se dá quando é impossível responder à sua pergunta, exceto por uma resposta evasiva. Se o oponente responder "Isso é e não é verdadeiro", ou "É verdadeiro em partes e em outras não", ou "É verdadeiro em um sentido, mas não em outro", parecerá ao público que ele está com dificuldades, e seu desconforto será aplaudido. Em outras ocasiões, procure não fazer interrogatórios, porque, caso seu oponente levante uma objeção, você será considerado derrotado. Não se pode fazer uma série de perguntas, pois a audiência não será capaz de acompanhá-las; também, por essa razão, convém tornar seus entimemas o mais compactos possível.

Ao responder, deve-se enfrentar questões ambíguas traçando distinções razoáveis, em vez de uma resposta objetiva. Diante de questões que pareçam envolvê-lo em uma contradição, ofereça a explicação no início de sua resposta, antes que o oponente faça a pergunta seguinte ou tire sua conclusão, pois não é difícil prever o curso de seu argumento. Contudo, podemos considerar que, tanto esse ponto como os vários meios de refutação, já conhecemos dos *Tópicos*.

Quando seu oponente coloca sua conclusão em forma de pergunta, é necessário que se justifique sua resposta. Assim, quando Sófocles foi questionado por Pisandro se ele havia, tal como os demais membros do Conselho de Segurança, votado a favor da instauração dos Quatrocentos, ele disse "Sim." "Por que, não achaste isso perverso?" "Sim." "Então cometeste tamanha perversidade?" "Sim", disse Sófocles, "pois nada havia de melhor a ser feito". Novamente, o lacedemônio, ao ser examinado acerca de sua conduta como éforo, foi questionado se considerava que os outros éforos haviam sido justamente condenados à morte. "Sim", ele disse. "Portanto", perguntou seu oponente, "não propuseste as mesmas medidas que eles?" "Sim." "E não seria igualmente justo condenar-te à morte?" "De forma alguma", disse ele. "Eles foram subornados para fazê-lo, e eu o fiz por convicção." Portanto, não se deve fazer mais perguntas após tirar uma conclusão, nem expor tal conclusão em forma de pergunta adicional, a menos que haja grande parcela de verdade do seu lado.

Quanto aos gracejos, eles têm, supostamente, certa utilidade na controvérsia. Górgias afirmava que se deve destruir a seriedade de seus oponentes por meio de gracejos e estes, pela seriedade, no que estava certo. Os gracejos foram classificados na *Poética*. Alguns são adequados a um cavalheiro, outros não; cuide de escolher os que lhe convenham. A ironia convém melhor a um cavalheiro do que a bufonaria; o irônico brinca para se divertir, o bufão para divertir aos outros.

19

O Epílogo constitui-se de quatro partes. Ali, deve-se: *(1)* levar o público a uma boa disposição em relação a si e a má disposição em relação ao seu oponente; *(2)* ampliar ou minimizar os fatos principais; *(3)* excitar as emoções necessárias nos ouvintes; e *(4)* refrescar suas memórias.

(1) Após ter demonstrado sua própria veracidade e a falsidade de seu oponente, o natural a se fazer é elogiar a si mesmo, censurá-lo e reforçar seus pontos. Deve-se mirar em um de dois objetos: deve-se mostrar a si mesmo como um bom homem e a ele como mau, seja em si próprio ou em relação aos ouvintes. Como isso pode ser alcançado – por quais linhas de argumentação se representam as pessoas como boas ou más – isso já foi explicado.

(2) Após os fatos terem sido provados, o natural a fazer, em seguida, é ampliar ou minimizar sua importância. É preciso que os fatos sejam admitidos antes que se possa discutir sua relevância; assim como o corpo não pode crescer se não a partir do que já existe. As linhas de argumentação adequadas a serem usadas para propósito de amplificação e depreciação já foram estabelecidas.

(3) Em seguida, estando claramente compreendidos tanto os fatos como sua relevância, deve-se excitar as emoções dos ouvintes. Tais emoções compreendem compaixão, indignação, raiva, ódio, inveja,

emulação, combatividade. As linhas de argumentação a serem usadas para tais propósitos foram, também, mencionadas anteriormente.

(4) Por fim, é essencial rever o que já foi dito. Aqui, pode-se, de forma correta, proceder como alguns recomendam erroneamente que se faça na introdução: reiterar pontos frequentemente para favorecer sua compreensão. Na introdução, convém expor o assunto de modo que o ponto a ser julgado fique bem claro; no epílogo, deve-se resumir os argumentos que provaram o caso. O primeiro passo neste processo de revisão é observar que se fez tanto quanto se propôs fazer. Deve-se, então, declarar o que se disse e por quê. Pode-se, como método, tecer uma comparação entre seu próprio caso e o de seu oponente, comparando as maneiras pelas quais ambos lidaram com o mesmo ponto, ou de forma menos direta: "Meu oponente disse isso sobre esse ponto; eu disse aquilo, e é por essa razão que o fiz". Ou com modesta ironia, por exemplo: "Ele certamente disse isso, mas eu disse aquilo". Ou "Quão vão teria sido se ele tivesse provado isso tudo em vez daquilo!". Ou, colocado na forma de uma pergunta, "O que deixei de provar?" ou "O que provou meu oponente?". Pode-se, desse modo, prosseguir, seja dessa forma, apresentando ponto e contraponto, seja seguindo a ordem natural dos argumentos, como foram apresentados, expondo primeiro seus próprios, e, então, separadamente, caso assim desejar, os do oponente.

Concluindo, o estilo de linguagem desconectada[17] é apropriado, e marcará a diferença entre a oração e a peroração. "Concluí. Ouviste. Os fatos estão diante de ti. Solicito teu julgamento".

(17) N.T.: No sentido de omitirem-se os conectores e não de ser semanticamente desconexa.

Impressão e Acabamento:
Gráfica Oceano